品味另类史

纵横四海

世界海盗史

沧海一丁 著

图书在版编目(CIP)数据

纵横四海:世界海盗史/沧海一丁著. —武汉:武汉大学出版社,2009.
10

品味另类史

ISBN 978-7-307-07186-5

Ⅰ. 纵… Ⅱ. 沧… Ⅲ. 海盗—历史—世界 Ⅳ. D59

中国版本图书馆 CIP 数据核字(2009)第 120535 号

责任编辑:郭 静　　责任校对:王 建

出版发行:武汉大学出版社 (430072 武昌 珞珈山)
(电子邮件:cbs22@whu.edu.cn 网址:www.wdp.com.cn)

印刷:湖北金海印务公司

开本:720×1000 1/16　印张:12.5　字数:160 千字

版次:2009 年 10 月第 1 版　2011 年 6 月第 2 次印刷

ISBN 978-7-307-07186-5/D·920　定价:26.00 元

前言

在我们生活的星球上，70%的面积是海洋。海洋给了人类无尽的幻想，它经历了上千年的岁月，埋藏了无穷的秘密。“我们的旗帜就是王笏，谁碰到都得服从……” 海盗，是一个让人畏惧而又向往的名字，吸引着人们热切的目光。古往今来，海盗一直是野蛮与血腥的代名词，他们粗豪不羁、漂泊天涯，以蔑视规则的方式制造了一个个黑色的传奇。

翻开人类的历史，战争和劫掠无处不在。其中一支很活跃的力量就是海盗及海盗活动。从远古时代的希腊罗马，到近代大西洋和加勒比海，海盗们的踪影无处不在。这些海上的强盗曾经有过统治英格兰、建立诺曼底公国的威风。他们是茫茫大海上神秘的精灵，他们曾经在海洋世界中称霸一时。在人类文明的漫长进程中他们是一股神秘而无法估测的力量，隐藏在阳光的背后，充满血腥，又充满着巨大的诱惑。

海盗的历史可谓源远流长，可以说，有了海船，海盗就诞生了。最早关于海盗的记录，就是在发掘爱琴文明古迹的过程中找到的，大约为公元前1350年，这被记载在一块黏土碑文上。此时的腓尼基人和其后的迦太基人都是优秀的航海家，他们当中的一些人成了地中海海盗的鼻祖，其造船术和航海术遥遥领先于地中海的其他民族，但同时他们也是当时地中海横行无忌的海盗，打劫商船、掠夺城镇。据希罗多德所著《历史》一书记载，知名的特洛伊战争就起源于一次海盗劫掠事件。

在爱琴文明诞生之际，欧洲文明便翻开了新的一页。随着经济的发展，贸易的繁荣，海盗也在人类文明最初形成的地方生根发芽，并且随着海风散播到了辽阔的海面上。在随后的3000多年中，从地中海到非洲东海岸，从加勒比海到马六甲海峡，隐现于低云与浪尖之间的骷髅旗成了所有水手的噩梦。

即使强大的罗马帝国，也因为初成气候的海盗而大伤脑筋。当年曾经威震西方世界的古罗马独裁者恺撒，年轻时曾经一度被爱琴海上的海盗劫持。海盗甚至卷入罗马帝国的政治斗争，危及这个古老帝国的生存。从公元前5世纪开始，罗马人就不得不煞费苦心地对付科西嘉岛和撒丁岛上的海盗。海盗们在整个中世纪里肆虐，活动范围从地中海扩大到了英吉利海峡和大西洋。

在古代欧洲，海盗是个重要的社会角色。有人斥之为祸害，有人视之为英雄。原始社会崩溃以后，强权和用暴力夺取他人财产成了道德规范。那时，由于食品不足，经常出现整个城市、部落，甚至民族挨饿的情况，在好几个世纪的长河中，古希腊人把“海盗”同游牧、农作、捕鱼、狩猎并列为五种基本的谋生手段。“海盗”一词在当时并无贬义，反而被认为是一种光荣的行业，它比劳动更受人尊敬，这从欧洲古代的历史及文献中可见一斑。

进入中世纪以后，维京人四处征讨，赢得“北欧海盗”的赫赫大名。此时的欧洲缺乏统一的领导，这让维京海盗如鱼得水，他们特有的牛头盔成了当时西欧人的噩梦。维京人初次被历史记录记载下来的时间是793年的6月8日，就是这一天，维京人洗劫了不列颠外海的林迪斯方修道院，从此揭开了维京时代的序幕。维京海盗不仅是海盗，他们还是航海家，开辟了新的世界；他们还是战士，令整个世界为之恐惧。他们远航的足迹遍及整个欧洲，南临红海，西到北美，东至巴格达，甚至深入今天的俄罗斯腹地，目标直指当时的君士坦丁堡。凡是维京海盗袭击的地方几乎都变成了血与火的海洋。在那个血雨腥风的年代，海上暴力像流行病一样肆虐蔓延，成为制约欧洲国家经济发展的巨大阻力。维京人一边野蛮地践踏着欧洲大地，一边却被基督教慢慢地侵蚀了灵魂，改变了信仰。这几个世纪的征服也成为维京文明史诗的最后篇章。公元 911 年，维京海盗接受条约在法国北部的诺曼底地区定居下来，他们慢慢地融入了曾经被自己征服的文化——征服者变成了被征服者。11 世纪中叶，维京人忽然从历史舞台上悄然退出，沉入了海洋的最深处，欧洲的海盗时代终归沉寂，等待被血与火唤醒。在这波海盗浪潮之后，又诞生了许多诺曼国家，如：英格兰王国、诺曼底公国、西西里王国、基辅罗斯、挪威王国、丹麦王国、瑞典王国等。

在同一时期的地中海，阿拉伯海盗驰骋一时。在法国南部和意大利北部分布着阿拉伯人的海盗天堂。此时一个大名鼎鼎的海盗便在 15 世纪末、16 世纪初的地中海登场了，他就是后来蜚声世界的“红胡子”巴巴罗萨。他建立了世界史上绝无仅有的海盗王国——巴巴罗萨王朝，改写了世界文明史。海盗们在长达三个世纪的历史时期中，参与政治，操纵时局，纵横驰骋于广阔的政治舞台之上。但巴巴罗萨二世死后，海盗内部混乱，他们的继承人都力图保住这个海盗国家在地中海的地位。但他们之中没有一个人在能力和政治手段上能同这个海盗之国的两位奠基者巴巴罗萨兄弟相比，王朝在北非的世袭领地最终没能保住。随着土耳其势力的衰弱，海盗们也渐渐变成了真正的官员、官兵，从大海上消失了。

在维京人横扫欧洲大地，阿拉伯海盗控制着地中海中部的时候，匈牙利海盗也进入了黑海和波罗的海，中国海盗在东南亚地区肆虐，日本的海盗也粗具雏形……还有菲律宾和马来群岛，到处都是海盗。但，只有强悍的维京人在历史舞台上留下浓墨重彩的一笔，维京之剑震撼着整个欧洲。

随着新航路的开辟，新大陆的发现，殖民地的扩张，航海贸易业兴旺发达起来，世界各地游弋着各种各样满载黄金和其他货物的船只。随着海上贸易的日益频繁，海盗这一人类最古老的行业之一也翻开了新的篇章。欧洲各国为了自己国家的利益，鼓励本国的私掠舰队对敌国的船只进行海盗活动，以打击对方的力量。随着“私掠许可证”的出现，海盗活动甚至开始“合法化”了。从某种意义上说，当时的海盗行为是由于英国都铎王朝时期无组织，并且不被官方认可的战争演化而来的。事实上，当时海军、海盗、海商往往是三位一体、密不可分的，可以说，与波澜壮阔的大航海时代相伴的就是大海盗时代。“黑胡子”船长爱德华·蒂奇、“黑色准男爵”罗伯茨，以及基德船长等一批臭名昭著的海盗头子就是在这种历史背景下，用枪炮书写自己的人生传奇。在1691年至1723年这段时间，被称之为“海盗的30年黄金时代”，成千上万的海盗频频活动在这条海上商业航线上。这个时代的结束以“黑色准男爵”罗伯茨的死为标志。

16～17世纪明朝中叶时期，中国东南沿海是海盗的乐园。中国海盗、日本海盗、葡萄牙海盗、西班牙海盗、荷兰海盗等均在此间活动。那时商、盗没有明确的划分，他们时而为商，时而为盗，有时候互相抢，有时候上岸抢。据说郑和下西洋的一个重要任务就是肃清当时在南洋一带的海盗。

同时，在大航海时代，欧洲国家之间彼此扮演着海盗的角色，而他们又同时组成了一支支进军世界的海盗集团，这导致整个世界从16世纪开始陆续被纳入欧洲的殖民范围，并最终塑造了现代社会。

从18世纪起，海盗开始没落。此时欧洲各国开始约束本国海军，并不再对海盗活动给予援助。此后，海盗活动便成为各国打击的对象。随着资本主义开始在世界范围内大行其道,“大航海时代”结束了,而历史又翻开了新的一页。工业时代的来临使各国海军实力大大加强,海岸巡逻更严密,靠帆船打天下的海盗终于碰上了蒸汽铁甲舰。海盗们的辉煌不再,隆隆的炮声过后,海洋恢复了宁静。曾经叱咤一时的海盗和他们埋藏的宝藏一样,已经逐渐沉淀到了历史的角落，人们渐渐忘记了那些葬身于冰冷的海底和高高的绞架的海盗们曾带来怎样的血腥杀戮，海盗被时光罩上了一层神秘的面纱。

然而，海盗并未从此绝迹。不过，现在的海盗已经不是人们想象中戴着黑眼罩，手持长刀的样子。现代海盗虽然也和前辈一样干着一本万利的买卖，但是他们却拥有了先进的武器装备，比其前辈更强悍，出手也更狠，暴力倾向越来越明显，敢和正规海军叫板；他们的“生意”范围也在不断扩大，不仅从事劫船掠货等犯罪活动，还参与或者主导走私、贩卖人口等勾当，甚至走上了现代化、国际化的道路，对海运和贸易造成的威胁日益增强。毫无疑问，只有运用更多高科技手段，国际联合打击的力度更强，全球海洋才能逐渐摆脱恐怖阴影，蔚蓝的大海也才能重获宁静。

历史的两个车轮就是文明与罪恶，海盗在人类文明史中，尤其是在欧洲文明史中绝对占有重要地位，他们可不是阴暗角落里的寄生虫或是海上的乌合之众，相反，他们也在世界历史进程中留下了自己的足迹，甚至改写着历史的轨迹。因为海盗的征战，世界版图被重新描绘，许多国家与民族不复存在，此外，有许多伟大的政治家、探险家也都出身于海盗家庭，如台湾郑氏王朝郑成功的父亲郑芝龙原是海盗，英国探险家弗朗西斯·德雷克，10世纪的丹麦国王哈拉尔德等。

这些纵横于海洋之上的凶徒们在抢船勒赎，寻财探宝的过程中，足迹踏遍各大洋，留给我们的不仅是他们的传说和财富，还有另一种闪光的东西。从某种意义上讲，海盗行为的本身也是一种探索。他们生存于天空与浩瀚大洋之间，驾驶巨舰，向狂风、敌船、命运挑战。海盗留给我们的不仅是传说和财富，还有真实的烙印。当天边的帆影变成眼前的战舰，黑色的骷髅旗迎风招展，一篇篇海盗传奇得以流传。

海盗们数百年的探索与追求造就了一代又一代的传奇故事，全世界关于海洋的传说在文化的传承中如璀璨群星般闪耀着智慧的光芒。传奇就像影子，有的清楚，有的模糊，有的忠实原本，有的变形失真，但所有的影子都衍生自它的实物原型。这些家喻户晓的传奇故事像磁石一样牢牢地吸引着一代又一代的年轻人，激励他们不断向未知的领域探索，激励着他们去创造自己的天地。在西方，几乎每个男孩子都曾经梦想过做一个驰骋在大海之上寻找失落的宝藏、劫富济贫的海盗。

本书为您详细描绘了一个不为人知的海盗王国，他们出生入死的历险生涯，他们绚丽多彩的梦想，他们埋藏的诱人宝藏，以及他们打造的海上帝国，向我们展示了历史记忆深处最激荡人心的篇章。这本书的目的，就是带读者去体验茫茫大海上曾经的浪漫风情和刀光剑影。就让我们打开这本书，唤醒沉睡的历史，一起踏上惊心动魄的海盗传奇之旅。

目录

荷马史诗中的英雄：古代地中海海盗

海盗的历史有多长？没有人知道。海盗史是随着航运业的出现而揭开篇章的，自有船只航行以来，就有海盗的存在，这是一门相当古老的犯罪行业。最早的海盗记录出现在公元前1350年，被记载于一块黏土碑文上。随后，这些纵横于海洋之上的凶徒们在抢船勒赎，寻财探宝的过程中，足迹踏遍世界各地，历史铸就海盗，而海盗在某些方面也改变了历史。

揭开最初的海洋征服者的面纱/2

关于海盗的最早资料/5

受海盗威胁的罗马帝国/6

庞培与海盗的较量/12

谢克斯特·庞培的卷土重来/16

欧洲的梦魇：北欧海盗

他们有着复杂的身份：既是航海家，也是侵略者；既是商人，也是海盗；既是出色的水手，也是英勇的战士；这个民族，曾经令世界为之胆寒，它的名字，叫做维京。

最出名的欧洲海盗
——维京人传奇/20

一个恐怖的维京时代来临/23

驶向冰岛和新的土地/26

红发埃里克和格陵兰岛的故事/28
最早到达美洲世外桃源的人/31
一段维京人抹不掉的痛苦记忆/33

三 改写世界文明史：阿拉伯海盗

提到古代海盗，人们脑海里首先想到的恐怕是维京人，或者是多次被搬进好莱坞电影的加勒比海盗，很少有人能想到中世纪阿拉伯海盗。事实上，曾经横行于地中海和北非的阿拉伯海盗不仅建立起了世界上绝无仅有的海盗王国，而且改写了世界文明史。

从地图上消失了的海盗海岸/38
红胡子巴巴罗萨建立世界惟一的海盗王国/41
复活的巴巴罗萨/45
巴巴罗萨的追随者们/47
阿拉伯海盗藏宝之谜/51

四 海盗史上的黄金时期：加勒比海盗

14世纪，世界秩序一片混乱，加勒比海盗就在这种背景下在加勒比海及其附近区域应运而生，并和来自世界各地的头脑发热的冒险家们一起成长。他们通过这种职业不仅保存了个体生命，还在世界新秩序的重建过程中浑水摸鱼。新大陆的发现，除了开创世界历史的新纪元，同时也标志着新的海盗时代的来临。此后，世界的大洋被散居在各个海面上的海盗完整地开启。

海盗王国——“海岸兄弟”/58
海盗首都罗亚尔港的兴衰史/62
反派英雄摩根船长/65
葡萄牙王室里的第一棵新芽/67
当盗不劫自家人，死刑变无罪/71
哥伦布与海盗的不解之缘/73

西班牙无敌舰队的覆没/75
荷兰海盗迅速崛起/78

海上乌托邦的梦想——英法海盗

乌托邦，是人类思想意识中最美好的社会，在那里人人平等，没有压迫，就像世外桃源。英国海盗米松梦想建立这样一个自由的国度，但是在经历了短暂的辉煌之后，连同海盗梦想一起在人类历史的长河中销声匿迹了。然而，英法海盗们的浪漫，他们的宝藏，他们的传奇生涯，他们的冒险经历留给我们无尽的遐想。

米松的“自由”国梦想/84
女人不是弱者——世界上第一个女海盗贝利维夫人/88
加勒比海上的末路狂花：安娜·邦尼和玛丽·里德/90
御用海盗弗朗西斯·德雷克/92
海盗学者丹彼尔/97
英国海盗与荷兰的恩恩怨怨/99

六 美国海军先行者：北美海盗

哥伦布发现了从西欧到北美的新航道之后，欧洲殖民者便纷纷踏上了原本是印第安人的家园——北美大陆，用枪炮在这里建立起了殖民统治。经过17～18世纪的西方列强争夺殖民地的战争，英国最终成了北美大陆的胜利者。同时，随着海上贸易的发展，从18世纪初起，北美沿海地区的海上劫掠活动也日盛一日，达到了空前的规模。

基德船长和后人的寻宝梦/106
黑胡子爱德华·蒂奇留下的另类传奇/109
奇怪的海盗船长邦涅特/112

黑色准男爵罗伯茨/115

七 通往东方的黄金之路：印度洋海盗

四大洋之一的印度洋，位于亚洲、南极洲、非洲和澳洲之间，在人类的文明发展史中，印度洋是世界各大洋中最早的航运中心。在西方人眼中，古老的东方永远都是那样神秘，印度洋上的航路因此充满着腥风血雨。

印度洋上的大好人季尤/122
幸福的海盗埃夫里/125
风波迭起的海盗海岸/127
最早的亚洲海盗——日本海盗/129

八 海盗们的天堂：南海海盗

南海又称南中国海，是中国近海中面积最大、水域最深的海区，面积约350万平方公里，位于太平洋和印度洋之间，是沟通亚洲、非洲、欧洲和大洋洲之间海上航行的必经之地。地理大发现的结果促使欧洲人来到了这一地区。葡萄牙、荷兰和英国海盗的活动最为猖獗。

马来群岛的海盗之王/136
中国海岸上的葡萄牙人/140
荷兰霸占台湾/143

九 失落的光荣与梦想：中国海盗

在欧洲海盗和日本海盗之前，在中国水域里就有中国海盗在活动。在中国，海盗大多是沿海地区居民，他们在倚靠海洋谋生时会从事抢劫活动，但也反抗官府和土豪，被称为海贼、海寇。秘密的海盗团体和按军事化方式组织起来的海盗舰队拥有几百艘船舶和几万名不怕死的士兵，有时连皇帝也惧怕他们三分。

中国海盗的祖师爷孙恩/150
历史上悬赏最高的通缉犯陈祖义/154

两面三刀的方国珍/156
亦商亦盗说王直/159
明末“海上之王”郑芝龙/162

十 与恐怖主义联姻的恶之花：现代海盗

随着历史的变迁，海盗与社会中的其他任何事物一样发展迅速。到了今天，有一点可以肯定的是，现在的海盗已经不是人们想象中维京人戴着黑眼罩，手持长刀的样子，现代海盗比其前辈更强悍，出手也更狠，暴力倾向越来越明显，对海运和贸易造成的威胁日益增强。

现代海盗重出江湖/168
加勒比海的新海盗分子/171
最危险的地方之一
——马六甲海峡/174
聚焦索马里海盗/177

一 荷马史诗中的英雄：古代地中海海盗

海盗的历史有多长？没有人知道。海盗史是随着航运业的出现而揭开篇章的，自有船只航行以来，就有海盗的存在，这是一门相当古老的犯罪行业。最早的海盗记录出现在公元前1350年，被记载于一块黏土碑文上。随后，这些纵横于海洋之上的凶徒们在抢船勒赎，寻财探宝的过程中，足迹踏遍世界各地。历史铸就海盗，而海盗在某些方面也改变了历史。

最早的海盗记录出现在公元前 1350 年，被记载于一块黏土碑文上。

揭开最初的海洋征服者的面纱

海盗史是随着航运业的出现而揭开篇章的。在人类的航海技术发展到可以开始跨越海峡，寻找新的发展空间时，海上的劫匪就已经出现了。

亚里士多德把“航海业”一词理解为作为谋生来源的捕鱼业和海盗行为。希腊人通常把那些去远海航行以寻求奇遇和虏获物的男人称为“海盗”，而这些远海航行常变为对别国沿海地区的抢掠。后来，“海盗”一词进入了居住在沿海地带的各民族语言之中。随着时间的推移，“海盗”一词出现了一些同义词，如“捕敌私船船主”、“劫敌船船主”、“海上走私者”等，但它们的意思都是相同的——海上强盗。

最早出现海盗的地区是北海以及地中海，因为这里曾是航运最为发达的地区，它处于亚洲、非洲、欧洲的包围之中，是世界上最大的陆间海，拥有约 250 万平方公里的广阔海域。随着航海技术的进步以及海上贸易和殖民的需要，海盗活动也猖獗起来。起初，海盗行为仅表现为在沿海地区进行抢掠。原始社会崩溃以后，用强权和暴力夺取他人财产成了默认的道德规范。那时，由于食品不足，经常出现整个城市、部落，甚至民族挨饿的情况，所以在好几个世纪的时间里，古希腊人把“海盗”同游牧、农作、捕鱼、狩猎并列为五种基本的谋生手段。“海盗”一词在当时并无贬义，反而被认为是一种有益的、荣耀的行业，它比劳动所得更能受人尊敬。在欧洲的史诗文献中，经常会发现，人们对于海上来的人，通常会问的一个问题便是：“你们是海盗吗?”然而被询问的人并不感到可耻，反而认为是一种荣耀。正如恩格斯所指出的：“古代部落对部落的战争，已经开始蜕

■公元前 67 年，庞培受命清剿地中海上猖獗一时的海盗，大获成功。

□公元前 66 年，霍光之子大司马霍禹等阴谋废宣帝，事败，霍氏灭族。

变为在陆地和海上为掠夺家畜、奴隶和财宝而不断进行的抢劫，变为一种正常的营生，一句话，财富被当作最高福利而受到赞美和崇敬。古代氏族制度被滥用来替暴力掠夺财富行为辩护。"

此时，罗马海盗乐意用墨丘利神①的权杖来装饰自己的船帆　1－1

海上贸易一本万利，因此在各个时期都为海盗所注意。他们或者是单独行动，或者几条船配合行动，进攻运载大量珍贵物品的商船。当然，不论是希腊海盗、腓尼基海盗还是迦太基海盗，他们并不是所有的时候都以海盗身份出现，他们会根据环境的情况做出相应的改变，有时是仗剑的海盗，有时是贸易的商人。因此，用"一手仗剑，一手经商"来形容他们是最合适不过了。

随着时光的流逝，各阶层对海上掠夺的态度发生了变化。对其有利可图、能增加其收入的那些人对海盗行径赞不绝口，而那些受害者却对之诅咒不已。当地中海上的抢劫对罗马帝国构成了严重威胁的时候，公元前一个世纪的罗马人宣布，"PIRATA HOST IS HUMANI GENERIS"，即"海盗是人类之敌"。海盗终于成为罗马人的心头之患。罗马人为对付海盗，可谓是煞费苦心，他们为此建立残酷的殖民统治，并且派出了大量船只和军队来俘获海盗。可是，强大的罗马人却总是拿神出鬼没的海盗毫无办法。

海盗和海盗活动成为人类历史发展中存在的特殊现象，从古至今，与人类的政治、经济活动紧密相连。人类发展的历史，是一部文明史，但同

---

① 墨丘利是罗马神话中宙斯和美艾的儿子。墨丘利手中的神器是一根神奇的魔杖。墨丘利是一个商业之神，能够保护商业，使生意兴隆、财源茂盛。

■公元前63年，罗马征服本都。本都国王米特拉达梯自杀，其地成为罗马行省。

□公元前64年，中国匈奴攻击车师屯田汉兵，郑吉率渠梨屯田兵去救，为匈奴所困，宣帝令常惠率兵，救还郑吉。

时也是一部罪恶史，其中一个很重要的组成部分就是海盗及海盗活动。回顾人类发展进程，我们会发现在人类的各个历史阶段，海盗活动遍布海洋上的各个角落。地球70%以上的面积被海洋覆盖，茫茫大海之上是法律鞭长莫及的盲区，无论货船还是巡逻的军舰，都面临着各种不安全因素，需要面对未知的危险。

人物小传

亚里士多德

亚里士多德（公元前384—322）是古希腊著名的科学家和哲学家，他创立了形式逻辑学，丰富和发展了哲学的各个分支学科，对科学作出了巨大的贡献。

公元前384年亚里士多德诞生于爱琴海北岸的斯特基拉城，父亲是马其顿王国的宫廷医生。亚里士多德幼年时父母双亡，在亲戚家中长大。他从17岁起就被送到当时著名的柏拉图学园，在那里学习了20年。由于他勤奋刻苦，涉猎广泛，很受老师柏拉图看重，这一时期的学习和生活对他一生产生了决定性的影响。

公元前347年，柏拉图去世，亚里士多德离开学园，去吕底亚投靠僭主赫尔米亚。公元前343年，他受马其顿国王腓力二世的聘请，担任起太子亚历山大的老师。当时，亚历山大13岁，亚里士多德42岁。亚里士多德不负所望，他对亚历山大的教育取得成功，师生间建立了深厚的情谊。腓力于公元前336年被刺身亡。他的儿子、年仅20岁的亚历山大即位为王。在不到十年的时间里，他打垮了号称百万的波斯大军，接着摧毁了古老的波斯帝国。就在这个时局动荡的年代里，亚里士多德重返雅典，在那里一住就是20年，即从亚历山大出发远征的前一年到亚历山大去世的那一年。

公元前323年，亚历山大暴死，当消息传到雅典时，那里立刻掀起了反马其顿的狂潮，雅典人攻击亚里士多

■公元前60年，罗马首领恺撒、庞培和克拉苏结成反对元老贵族的秘密同盟，史称“前三头同盟”。

□公元前60年，中国汉朝设置西域都护，设都护府于乌垒城（今新疆轮台东），督护乌孙、康居等36国，汉朝号令行于西域各国。

德，并判他不敬神罪。亚里士多德逃离雅典，次年去世，终年63岁。

关于海盗的最早资料

小亚细亚沿岸多海湾，地中海东部多岛屿，这为海上强盗造就了理想的自然隐蔽所。海盗们喜欢选用距繁忙的海上通道较近、隐蔽较好、石多水浅的地区作基地。公元前2世纪末，在埃及法老拉姆谢斯三世的秘书的报告中，曾提到有海上强盗，他们在一百多年间给埃及人的航海业带来巨大损害。这一文件中说道："请注意居住在海岛上的北方各民族。他们不太安分，他们在寻找通向港口的通道。"埃及人也给我们留下了最早的书面资料，证实海盗行径和捕猎活人在当时就很活跃。

公元前11世纪至公元前9世纪，希腊留下的文化遗产主要是《荷马史诗》，因此这一时期也被称为"荷马时代"。荷马在《奥德赛》一书中不止一次地提到过海上强盗的活动。《荷马史诗》记述了希腊联军围攻小亚细亚城市特洛伊的故事。这次远征军事行动的实质其实也是一次大规模的海上掠夺活动。登陆小亚细亚的希腊人一方面围攻特洛伊城，另外还有一部分人在沿海地区和海岛上烧杀抢掠。在记载中，古希腊人把"下海"寻求生计的男子称为"海盗"。又比如，记载中说有一艘腓尼基船的船员在锡拉岛登陆，想同当地居民进行贸易。腓尼基人赢得了一个出生在腓尼基的西顿城的女奴的好感。商人们同意带她回家，这个女奴答应给他们相应的报酬。

事实上，很多历史学家仍然对《荷马史诗》的描写表示怀疑，他们从米诺斯宫殿的墙壁里也没有挖出太多东西。但腓尼基人的命运却不同，他们完全可以堂而皇之地登上正史的大堂。

腓尼基，是古代地中海东岸地区一系列小城邦的总称。公元前1000年

的时候，腓尼基城邦才从中脱颖而出。这个城邦的人才被称为“腓尼基人”。早在公元前3世纪末，在腓尼基就出现了一些城市国家，腓尼基人手工业发达，造船业更是一枝独秀。他们还是出色的“商业民族”，控制了地中海区域的贸易，腓尼基人把发达的海上贸易同海盗业结合了起来。他们在西西里岛上，在非洲和西班牙海岸建立了很多基地，从那里进行贸易航行和劫掠式的袭击。腓尼基人通过红海到达印度，遵照埃及法老尼霍的命令，他们环绕非洲，发现了加拿利群岛，并在摩洛哥定居了下来。他们从西班牙运回白银，从不列颠群岛运回锡，从波罗的海沿岸运回琺琅。当时腓尼基的紫色颜料颇负盛名，被广泛使用。这种颜料是从生长在腓尼基海岸的软体动物的贝壳中提取出来的。后来，这些地方紫色颜料的来源枯竭，腓尼基人就从巴比伦和其他地方运来紫色颜料。腓尼基商人非常乐于用这些贝壳换取黄金、象牙和奴隶，而奴隶是不管黑人、白人都要。腓尼基人在进行贸易和劫掠的同时，最为臭名昭著的行为就是掠夺、贩卖人口。为了捕人做奴隶，他们采用了极其狡诈的方法。他们摊开装饰品和鲜艳的织物，先把妇女和姑娘诱骗到岸边，然后把她们拖上船只，迅速离岸而去，然后将这些妇女儿童运到市场上明码标价地出售。

继腓尼基人开海盗劫掠之先河后，希腊人也迅速发展起了自己的海盗事业。随着时间的推移，越来越多的希腊人开始从事海盗活动，并达到了相当大的规模。希腊人同腓尼基人之间最早的冲突大约发生在公元前1世纪初叶。从此，希腊人同腓尼基人一直争夺海上和沿海的控制权。希腊人认为海上掠夺是荣耀的行业，收入又多。希腊诗人荷马在《荷马史诗》中表现了当时航海业的生动画面。

受海盗威胁的罗马帝国

罗马帝国绵延千余年，是人类历史上持续时间最长的帝国，版图辽阔，

■公元前54年，恺撒带领罗马军自高卢渡海征伐不列颠，获胜后回师大陆。
□公元前54年，宣帝采纳大司农中耿寿昌之奏，减关东槽运，于边郡设常平仓。

地中海仅仅是帝国的内湖。全盛时曾东到美索不达米亚平原，南至北非撒哈拉沙漠，西起不列颠，北至喀尔巴阡山脉和黑海北岸，横跨欧、亚、非三大洲。在罗马国的初创时期，罗马人航行的范围局限于地中海的一小部分地区。地中海的绝大部分地区为迦太基所控制。经过布匿战争，迦太基城被摧毁（公元前 146 年）。从此海上霸权完全转入罗马国手中。

罗马的奥斯替亚港变成了繁忙的海上通道的重要枢纽。经过这些通道，和平的旅行者、商人和军人驶往帝国沿海各省。罗马城自己没有多少输出，它依靠各被奴役民族交纳的贡品保证居民之所需和奴隶主对奢侈品的要求。贡品有食品、粮食、木材、牲畜、钻石、珍珠、黄金、象牙、香料等。奴隶也作为贡品进纳，因为罗马对奴隶的需求是稳定的、大量的。罗马贵族把希腊的别墅、埃及的方尖碑拆开，运往自己的领地。

通过水路运送的财富引起了海盗的注意。海盗们头几次轻易得手，于是他们迅速扩大了自己的舰船数量。从公元前 5 世纪开始，罗马人就不得不煞费苦心地对付科西嘉岛和撒丁岛上的海盗。罗马殖民统治的确立，虽然在一定程度上遏制了海盗活动日渐猖獗的势头，可是最大的威胁仍然来自这两个难以靠近的岛屿。

起先，希腊海盗和小亚细亚海盗严密封锁了联系罗马和埃及的交通线，致使对保证帝国中心粮食供应起重要作用的南部线路无法使用。逐渐地，罗马人的海上贸易活动利润减少，国内物价飞涨，民不聊生，老百姓一片怨声载道。海盗们以本都王国国王米特拉达梯（公元前 111—前 63）为保护人和庇护人。他拥有强大的海军，公开把希腊各岛和小亚细亚沿岸的所有海盗纠集起来，借助于他们控制主要海道上的运输，成了一个真正的“掠夺者的国家”。从公元前 2 世纪开始，海盗们登上了西西里岛，他们劫掠罗马的船队，搞得东地中海地区鸡犬不宁。在小亚细亚南面的西里西亚，有几伙猖獗的海盗隐藏在迷宫般的小岛上。他们还建起两座坚固的城堡，向罗马的领地挑战。他们同小亚细亚势力最强大的国王米特拉达梯六世结盟，恼怒的罗马多次派兵攻打海盗，但都不够彻底。直至公元前 63 年罗马

■公元前 49 年，庞培与恺撒矛盾激化，庞培逃走，恺撒占领罗马。
□公元前 49 年，埃及国王托勒密十一世去世，传位其女克娄巴特拉与子托勒密十二世，克娄巴特拉被其兄弟放逐。

出兵，才结束了他的统治。

但是，这并未给罗马带来平静。很快又出现了新的强大对手——奇里乞亚海盗。迦太基人、希腊海盗、逃跑的奴隶和破产的意大利人都加入了奇里乞亚人的行列。他们威胁着驶往奥斯基亚的舰船，逐渐变成了一支对罗马的强大有巨大威胁的力量。海盗的船只不大，具有较大的机动性，仅有一排桨，叫做“利布尔纳”。这种船后来成了罗马海军战船的原型。

据典籍记载，为了恫吓敌人，海盗在船上挂起绘有象征死亡的骷髅的幡旗。海盗们的战术很简单，他们在沿海或海峡的小岛间发现船只后，就悄悄地驶近目标，然后从自己甲板上的高台上跳向被攻击的船只。战斗的结局通常由使用匕首和刀剑的肉搏战决定。海盗的主要目标是金钱，他们向被抓住的富豪收取赎金，以许诺不危害一些港口城市和海滨城市而敲诈他们。

可是他们最著名的绑架勒索事件却让他们付出了沉重的代价。有一次，恺撒由罗马去罗得岛途中，落入奇里乞亚强盗之手。他当时是独裁者苏拉的政敌马里的支持者，因而被逐出。恺撒当时热衷于学习讲演术，但他的老师们认为他的技术还不够高明。因而他决定利用被放逐这段时间，去著名演说家阿波洛尼在罗得岛开设的学校向他学习，进一步提高讲演术。船舶顺着伯罗奔尼撒半岛海岸线一路航行，当船行进至小亚细亚米利都附近的法尔马库撒岛的时候，海盗出现了。海盗船扬帆紧随恺撒所乘的轮船而来，船长立即命令水手扬起备用风帆，但是由于当时的海风很小，很快便被轻快迅速的海盗船追上了。罗马船丝毫未反抗，就放下了风帆。恺撒极为镇静，侍从和奴隶伫立四周，他坐在甲板上读书。海盗来到他身边，要求他报出姓名。恺撒抬头看了他们的头目一眼，只字未语，又继续聚精会神地看书。当海盗问他准备用多少钱赎身时，这位傲慢的贵族仍无反应。这种高傲的态度令海盗大怒，他们就赎金数额大声争论不休。他们终于决定要10个塔兰，但恺撒依然沉默不语，头目怒不可遏，加倍要价，对着这位罗马人高喊：“或者20塔兰，或者……”所索赎金数额之大，前所未闻。

■公元前48年法萨罗之战中，庞培全军覆灭。9月28日，庞培被杀。
□公元前48年，中国关东11郡国大水成灾，饥荒严重，以致人相食。

突然这位年轻人打破沉默，说他的身价难道就值这么几个钱吗？这是对他的侮辱，他们太放肆了。要是海盗们在行的话，他们会索取50塔兰的！这番话也令海盗们大吃一惊，他们见多识广，却也是第一次遇上主动增加赎金的俘虏。50塔兰，极大地吊足了海盗们的胃口，自此对这位贵族俘虏另眼相看。他们把恺撒送到基地关押起来。

雄伟的古罗马建筑　1－2

在被囚禁的日子里，恺撒并没有变得消沉，他给自己定下严格的生活作息制度。他每天定时在海湾里游泳，然后就安静地阅读和写作，就像什么事也没有发生过一样。此时他还进行着一项秘密活动：他每天都仔细观察海盗们的生活习俗以及性格特征，尽可能去听海盗们讲述一些奇闻轶事，以便更好地了解他们，为日后行动作准备。

晚上，他给海盗们朗诵自己的作品，以检验自己的讲演术。据一位历史学家说，海盗们并未为俘虏的诗作所折服，他们只知讥笑他，称他为罗马傻瓜。有一天，恺撒忽然对海盗们说："我发誓，一旦我获得自由，我一定会马上逮捕你们，并且统统处死！"海盗们听了哈哈大笑，他们并不生气，反而更喜欢这个口无遮拦、说话不着边际的年轻人。

恺撒和其他的人质在海盗的驻地上生活了一个多月。收到赎金后，恺

■公元前44年，恺撒被推举为终身独裁官。同年3月15日，遇刺身亡。
□公元前44年，埃及女王克娄巴特拉杀其弟，独自为王。

撒获释。获释后，他立即以海盗和他的政敌苏拉所没有预料到的精力，开始实现自己曾经发下的誓言。他立刻向总督申请了4艘舰船和500名士兵。带着这支队伍直捣海盗们的巢穴，打得他们措手不及。而海盗们在分赃之后，狂欢暴饮，烂醉如泥。他们万万没有料到，这么快就与昨日的阶下囚相遇。恺撒俘虏海盗350名（仅很少几个人逃脱），将他们一个一个地钉死在十字架上。当他们被恺撒下令钉在十字架上的时候，他们或许会后悔当时给这个人订的赎金实在是太低了。恺撒还从海盗的驻地中缴获了大量的财物，当然这些财物都被恺撒占为己有了。

公元前62年恺撒被选为罗马司法官，第二年又任西班牙总督。在公元前59年，他与庞培和克拉苏建立同盟，获选为罗马执政官之一。后来恺撒又逐渐排除异己，从公元前46年7月28日至公元前44年3月15日实行

古罗马城徽　　1－3

军事独裁。公元前44年3月15日，在元老院会议席上，恺撒被密谋者所刺杀。他死后，海盗活动愈加猛烈，海盗们越来越大胆，而且力量也愈发强大。

■公元前43年，恺撒养子屋大维赴罗马，成为恺撒的继嗣者。安东尼、屋大维和雷必达结成“后三头同盟”。“后三头”大肆屠杀异己分子。

□公元前43年，哲学家西塞罗被杀害，终年63岁。

人物小传

恺撒大帝

盖厄斯·儒略·恺撒（公元前100—前44）著名的罗马军事领袖和政治领袖。恺撒出生在一个历史悠久的贵族家庭，受过良好的教育，年轻时就步入政坛。恺撒出生的时代，正是罗马共和国发生严重政治危机的时代，他早年反对苏拉派，历任监察官、大法官等职。公元前61年恺撒任西班牙总督，建立战功。次年他返回罗马，与庞培、克拉苏结成“前三头同盟”，成为政坛上的重要人物。公元前59年恺撒任执政官，次年出任山南高卢总督，率4个军团侵入山北高卢克尔特人境内。此后8年中，他利用当地部落间的矛盾，施以外交手段并配合果敢的军事行动，步步蚕食，最后吞并了整个高卢地区。其间，他曾渡过莱茵河侵入日耳曼尼亚，渡海侵入不列颠（公元前55年）。恺撒在军事上的成功，为其独掌罗马大权准备了条件。公元前49年，他率军占领罗马，打败庞培，集大权于一身，实行独裁统治，并制定了《儒略历》。

恺撒大帝雕像　1－4

公元前44年，恺撒被推举为终身独裁官。元老院、公民大会和各种职官形式上虽然保存，但实际上一切听命于恺撒。他的出身被神化，他已经成为罗马世界至高无上的主宰者，动摇了罗马的共和政体，从而激起贵族共和

■公元前36年，以谢克斯特·庞培为首领的海盗同罗马舰队在西西里岛东北角发生了一场大海战，海盗们被击溃，小庞培逃走，旋即死去。

□公元前36年，西域都护甘延寿、副校尉陈汤发兵攻杀匈奴那支单于。

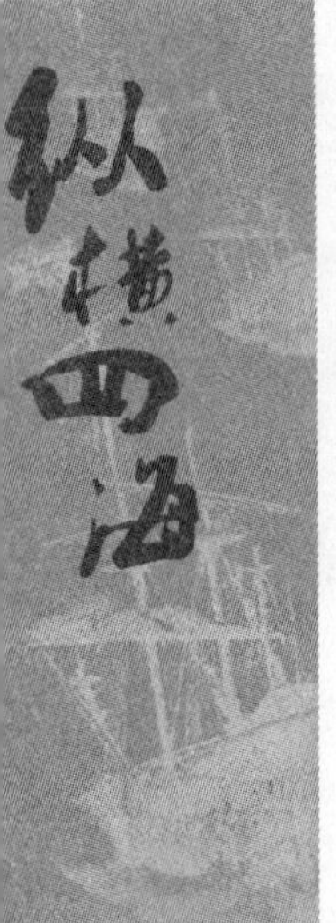

派的强烈反对。同年3月15日，恺撒被布鲁图、喀西约龙基纳等共和派阴谋刺杀，结束了他56年的人生。恺撒死后，其甥儿及养子屋大维击败安东尼开创罗马帝国并成为第一位帝国皇帝。

多才多艺的恺撒几乎成了罗马的象征，冠予他的头衔数不胜数：军事家、政治家、思想家、散文家、诗人。他的描写征服高卢的《高卢战记》一书长期被看作是一部第一流的文学作品。恺撒死后按照法令被列入众神行列，被尊为“神圣的尤利乌斯”。后来，“恺撒”成为罗马及欧洲某些国家帝王的一种头衔。

庞培与海盗的较量

到了公元前1世纪，海盗活动更加猖獗，他们袭击运输粮食的货船，甚至连罗马行省总督的船也敢抢劫。公元前67年，罗马的粮食供应状况极度恶化，元老院只得委任格涅乌斯·庞培领导打击海盗的斗争，并授予他一些特权。庞培是罗马共和国末期著名的军事家和政治家，出身于一个骑士之家，从小受家庭的熏陶酷爱军事。庞培镇压过意大利人的起义，曾经当过苏拉的部将，协助苏拉残杀过马略分子。他野心勃勃，极力谋求国家的最高权力，这时，他很想利用围剿海盗的行动来为自己的政治生涯增加筹码。

他的确是一个精明的海军统帅。庞培认为战役极其复杂，要求给他3年时间以实现其计划。根据他的命令，建造了500艘帆桨船，这些船只与海盗的船只一模一样。庞培出身军人世家，熟悉军事战略，因此他决定采取重点出击和全面围剿相结合的方法，有步骤、分阶段地进行。庞培确定了“先西后东”的顺序，也就是先把西地中海的海盗消灭之后再把力量转移到东地中海地区。庞培把地中海西部这一地域分成13个区，每区分配一名指挥官，并配以相应数量的舰船。统帅本人担负起了中部舰队的指挥，这一舰队在非洲和西西里岛之间处于待战状态。

除舰队外，庞培还组建了一支有12000名步兵和5000名骑兵的部队。它的任务是铲除沿海的海盗居住点。从这些装备中我们就可以看出庞培此次围剿海盗的决心。这一次，罗马动真格的了。

庞培兵分九路，分片包抄，软硬兼施，步步紧逼，在西班牙、高卢、亚得里亚海、西西里、撒丁等地的沿海地区，同时打响了围攻海盗的战斗。由于考虑周到，组织出色，40天之后，西地中海一带，从意大利墨西拿海峡以西等广大海域一直到赫拉克勒斯的两大石柱，这一带的海盗都被肃清了。

接着庞培又把目光转向东地中海——奇里乞亚海盗活动的地域。这些海盗虽然已得知罗马统帅取得了胜利，但仍相信自己占优势。他们同罗马舰队在科拉克西附近公开交战，结果被击败。据流传至今的资料记载，在这一场战斗中，海盗损失舰船1300艘，其中400艘落入胜利者手中；2万名海盗被俘，1万名海盗战死。这也从另一个方面证明了当时海盗力量确实非同小可。一直笼罩在罗马居民心头的恐慌慢慢散去，海盗对罗马的威胁逐渐被解除。

庞培头像　　1－5

但是庞培并没有得意忘形，为避免日后又生大患，庞培制订了最后一步计划：即彻底消灭海盗，以防东山再起。庞培足智多谋，他事先允诺，凡不战而降者皆可得到赦免。这个许诺传到海盗那里，无异于平地一声惊雷，想到过去的罪行可以既往不咎，重做“良民”，许多海盗在心里打起了小算盘。这一招果然奏效，罗马人只在基里基亚遇到了抵抗，其他地方的海盗连续不战而降，就连他们的海盗战船也尽入罗马人之手。作为政治

家，为了给以后登上最高权力顶峰增加砝码，为了巩固罗马对当地的统治，庞培在处理善后事宜上也采取了一些宽松措施。他仅命令处死数百名头目，而将其余海盗移居到地中海东部荒无人烟的沿海地区，让他们耕耘土地，还准许一部分人迁徙到伯罗奔尼撒半岛的北部地区，给他们改过自新的机会，让他们重新开始生活。

庞培取得此次重大胜利之后，塞浦路斯岛、克里特岛、梅诺尔卡岛、马利澳尔卡岛自愿地承认了罗马的海上霸权。此战换来了地中海的安宁，庞培声威大震，此后成为了炙手可热的实权人物。他也获得了很高的军事荣誉，得到了罗马人的崇拜。这次军事打击给人的感觉似乎地中海水域的海盗行径自此绝迹了。但是，海盗活动实际上又死灰复燃，从此转移到了罗马帝国的边远地区。

历史事件特写：庞培凯旋罗马

庞培在剿灭了地中海海盗之后，为了扩大军权，他领兵东征。公元前66年，本都王国国王米特拉达梯兵败自杀，庞培便将本都王国的土地改为罗马行省。公元前64年，庞培又挥师南下小亚细亚，攻占了叙利亚，灭亡了塞琉古王国，将其设立为行省。第二年，庞培又征服了由台，将其与叙利亚行省合并。此时，庞培已经控制了整个东方，成为当时罗马势力最强，也是权力最大的人。

庞培在罗马的威望使苏拉感到了紧张。战后不久，苏拉便命令庞培解散军队，率领一个军团返回乌提卡等待接替者。但是庞培拒绝了，并且率领大军出现在罗马大门口。尽管他没有担任公职，却要求苏拉为他举行凯旋仪式。当时罗马法律规定只给有巨大战功的执政官、行政长官举行凯旋仪式。苏拉警告庞培不要违背法律，然而庞培毫不退让，他嘲讽苏拉说：“崇拜初升太阳的人要多于崇拜落日的人。”苏拉迫不得已，破例为庞培举行了非洲之战的凯旋仪式，并授予他“伟大”的称号。

人物小传

庞培

庞培（公元前106年—前48年），古罗马统帅、政治家，贵族出身。早年投靠贵族派首领苏拉。苏拉当权后，庞培率部转战西西里岛和非洲，征讨马略部。后去西班牙镇压马略派的反抗运动。公元前71年参与镇压马略部将领导的塞多留起义，并协助克拉苏镇压斯巴达克起义。翌年当选执政官。公元前67年，庞培受命清剿地中海上猖獗一时的海盗，仅用半年时间就基本完成。继而征服小亚细亚的本都王国（公元前64年），南下吞并叙利亚和巴勒斯坦。公元前61年凯旋罗马，成为显赫人物。

元老院因疑忌而拒绝批准庞培在东方的措施，促使他与恺撒、克拉苏·迪弗斯联合，并于公元前60年结成"前三头同盟"。同盟在克拉苏·迪弗斯死后（公元前53年）事实上解体。庞培转而与元老院联合，共同反对在远征高卢中得势的恺撒，庞培怂恿元老院剥夺恺撒兵权，并以战争相威胁。

公元前49年1月10日，恺撒强渡鲁比肯河，向罗马进军。庞培与执政官和众元老仓皇逃至希腊。

公元前48年法萨罗之战中，庞培全军覆灭，向埃及国王托勒密十二世求援。托勒密对庞培表示亲自到海岸欢迎他，但是，背地里，埃及国王和他的朝臣们早已决定不冒触怒胜利者恺撒的风险。9月28日，就在庞培乘坐的小船靠岸时，埃及国王托勒密的侍从挥剑刺向他的脊背，结果了庞培的性命。望着昔日盟友的头颅，恺撒不禁怆然泪下。

谢克斯特・庞培的卷土重来

好景不长，公元前44年，恺撒的独裁引起了元老院的不满，3月15日，恺撒遇刺身亡，内部争权导致帝国国力被削弱。海盗们抓紧利用这一时机。

海盗新首领中最引人注目的要算是谢克斯特・庞培了。他是击败海盗的伟大胜利者格涅乌斯・庞培的次子。公元前45年，庞培的两个儿子逃到西班牙发动叛乱，恺撒再次远征西班牙，于孟达会战中击败叛军，庞培长子阵亡，次子流亡西西里。

当年他父亲对战败者宽大为怀，这就把很多昔日的海盗们和他们的后裔吸引到了谢克斯特・庞培麾下，逃跑出来的奴隶也成为他的舰船上的大部分船员。谢克斯特・庞培为他们提供庇护所，答应给他们自由。这样，他很快就拥有了一支强大的海盗舰队。为了打击报复罗马，他在占据了西西里岛、撒丁岛和科西嘉岛之后，再次封锁了罗马的海上交通线，切断了罗马的粮食供应，频频袭击罗马沿海海岸，罗马又一次受到海盗的严重威胁。

这时，恺撒的养子屋大维已成为罗马的统治者，他不得不在公元前38年签订了《米西亚条约》。条约承认谢克斯特・庞培对已占领的土地——西西里岛、撒丁岛、科西嘉岛和伯罗奔尼撒半岛的拥有权，而屋大维和安东尼仍保有他们已占领的辖地。此外，条约还规定对庞培的全部战友实行大赦，他手下的奴隶也被承认为自由民。

但不久，庞培的海盗船又开始掳掠意大利沿海，妨碍了罗马的粮食供应，导致饥民暴动又威胁着罗马城。由于庞培又开始接收逃跑的奴隶上船，屋大维把同他的斗争说成是对逃跑奴隶的征战。屋大维任命当时已负盛名的军事首领阿格利巴为罗马舰队司令。

公元前36年，以谢克斯特・庞培为首领的海盗同罗马舰队在西西里岛东北角发生了一场大海战。激烈的战斗中，海盗们被击溃，仅17艘舰船得以逃走。罗马统帅取胜不仅因为军事上的原因，还因为屋大维保证投降的敌人仍将是自由民，并将被接纳加入他的军队。结果庞培很多大船上由昔日奴隶组成的船员不战而降。与庞培实行的怀柔政策不同的是，屋大维惨无人道地将成千上万的海盗钉死在十字架上。罗马经历了一次又一次的海盗危机后，变得残酷而又谨慎起来。

这次大战之后，谢克斯特·庞培逃往小亚细亚，但在那里被俘并被处死。这样又一次对强大的罗马的威胁被消除了。罗马帝国此后再也没有遇到如此集中和军事化的海盗舰队。公元1世纪至公元2世纪，罗马为了防止海盗活动再次死灰复燃，曾组织一支3万人的大军常年在海上巡逻。从此，海盗活动沉寂了两个多世纪。但是，在地中海航行的商船仍会不幸遭到海盗的掠夺性袭击。

公元3世纪以后，频繁的战争伴随着严重的经济和政治危机，打破了罗马海上疆域的平静，此时最不安全的是罗马边境的水域：大西洋、黑海和红海。尽管这里的港口都驻有军队，但鞭长莫及，罗马没办法监控辽阔的水域，所以海盗又开始频频出现。罗马帝国的和平年代一去不复返了，地中海地区被浓重的海盗阴影笼罩。

酷睿点评

海盗们的真实生活和电影永远有着天差地别。历史上的第一位海盗可不会像电影里那样梳着酷酷的时髦卷发，穿着时髦的长靴，拿着火枪在大海上逍遥自在。事实上，海盗们的生活非常艰苦，他们中间的许多人都是为了将来能够回家过上优越的生活而孤注一掷。在海盗集团中，只有少数人因为寻求刺激和冒险而加入其中，大多数人是为生存环境所迫。

早期的海盗们还没有形成气候，只是些打劫商船、杀人放火的小角色，没有成为统治者们的心腹大患。而几百年之后，维京海盗的刀剑则震撼了整个欧洲，他们成为名副其实的海上霸主。

欧洲的梦魇：北欧海盗

他们有着复杂的身份：既是航海家，也是侵略者；既是商人，也是海盗；既是出色的水手，也是英勇的战士；这个民族，曾经令世界为之胆寒，它的名字，叫做维京。

在中世纪初期，一支来自北方的民族，曾经使整个欧洲为之战栗，它的名字，叫做维京。

最出名的欧洲海盗——维京人传奇

维京人，生活在1000多年前的北欧，即今天的挪威、丹麦和瑞典。在绝大多数人的概念里他们通常等同于古代“海盗”。但不是所有的维京人都是不折不扣的海盗。在家里，他们是农人和渔夫，商人和工匠。维京是他们的自称，在北欧的语言中，这个词语包含着两重意思：首先是旅行，然后是掠夺。

北欧地区终年被厚厚的冰雪覆盖，冬天严寒难耐，生存环境极为残酷，而且耕种放牧资源非常缺乏。因而维京人主要以捕鱼为生。他们惯于航海，性格顽强、富于冒险。为了寻找生存之路，他们开始把目光投向了海外。长期的渔民生活锻炼了他们卓越的航海技能，而他们自己制造的维京龙头战舰则成为掠夺和征服的武器。早在8世纪末之前，船就成为维京精神的重要象征，是维京文化中重要的组成部分，可以说维京人的一切都与他们的船有密切联系。维京人的海船一般长70～100英尺，制作精良，可说是一件艺术品，是维京造船师精湛技艺的完美体现。在维京人漫长的旅途中，船是他们移动的家。桅杆可以放倒，蒙上船帆就是很好的帐篷。他们多数人徒步作战，手持剑刃、长矛和斧头。有钱的维京人则骑马作战。中世纪时期的维京人根据其国度分为三支：挪威维京人向不列颠群岛和地中海附近掠夺和侵略；丹麦维京人把目光移向西欧大陆，沿着欧洲的几条大河纵横掳掠；而瑞典维京人则向东来到斯拉夫人的部落，并在俄罗斯地区定居下来，成为新的民族。

从公元800年到1100年，北欧海盗离开家园，从斯堪的纳维亚半岛出

■公元793年6月，维京海盗袭击林第斯法恩岛的修道院，拉开北欧海盗称霸欧洲的“维京时代”序幕。

□公元793年，造纸术经撒马尔罕西传至伊拉克的巴格达。

发，带着掠夺及通商的双重目的，朝着未知的茫茫世界进发探险。维京人在茫茫大海上驾驶着海盗船，一手持剑，一手举火把。一场战斗之前，海盗们大碗喝酒，吞食药物，变成乱砍滥杀之人，相信奥丁神会让他们安然无恙。就这样，渔夫和农民变成了凶猛的战士。当浩浩荡荡的海盗船冲向大海的时候，海盗时代正式拉开了序幕。北欧海盗的足迹遍及整个欧洲，他们远航范围甚至南临红海，西到北美，东至巴格达。北欧海盗主要劫掠当地居民的牲口和谷物，以及任何有价值的财宝。他们快速出击，得手后迅速地离去。附近的居民深受其害，将维京人视作蛮人、冷血战士，正是他们谱写了中世纪血腥的海盗史诗。人们都被北欧海盗闪电般的抢劫吓得心惊胆颤。

北欧海盗们扬帆远行到遥远的北部海岛并且定居下来：包括冰岛、法罗群岛以及格陵兰岛。大约在公元前 800 年，维京人在奥赫瑟雷的率领下到达位于北极圈附近新地岛的西伯利亚诸岛。莱夫・埃里克松（Leif Ericsson）向西航行，找到这个不为人知的海岸。维京人称这块大陆为文兰。大多数专家现在都认为文兰就是北美洲，那么莱夫就是登上北美洲的第一个欧洲人了。公元前 1004 年，维京人托尔芬带着 130 个人定居文兰，在那里生活了 3 年。托尔芬这次定居的遗址于 1963 年被发现，位于新芬兰北端的勒安斯奥克斯草原。

在长达数个世纪的征服里，维京人横扫欧洲，但是，这几个世纪的征服也成为维京文明史诗的最后篇章。随后，维京人发现了一个新世界，一个贸易的世界。这些战士摇身一变，成为商人，开始了全球贸易。通过贸易，他们将军事胜利转变成了商业成就。后来诺曼人因不愿意再回到寒冷的北方，在侵占的地方定居下来。维京文明与当地的文明融合，陆续建立了英国的“丹麦区”，法国的“诺曼底”，和意大利的“西西里”这样的邦国领地，而维京人也在这个过程中逐渐失去了自己的文明与信仰，逐渐开始被基督教世界慢慢同化，锐气虽犹存，野性已褪去不少了。1016 年丹麦海盗首领卡努特抢夺到英格兰王位，并成功统治英格兰近 20 年（1016—

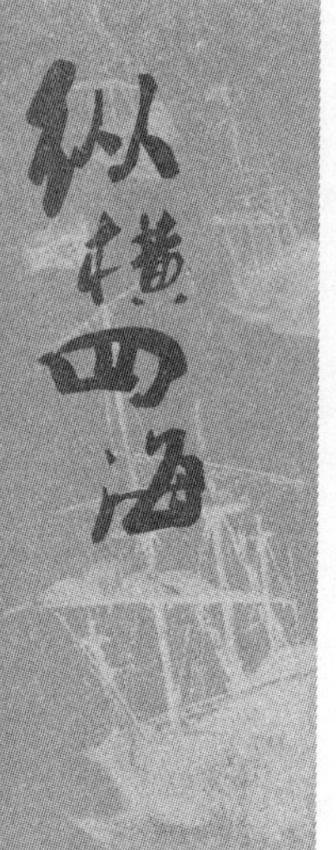

1035)，维京海盗的军事成就达到了巅峰，之后不可避免地开始走下坡路了。11 世纪中叶，维京人忽然从历史舞台上退出。公元 1066 年哈拉尔德三世的死为维京时代彻底地画上了句号，但是维京人的传奇仍将继续流传。促使他们消失的原因很多，有当地人的感化、基督的召唤，还有瘟疫和严寒……仿佛是一个晚上的事情，欧洲的海盗时代终归沉寂。

维京时代的绘画中，头戴牛角盔的维京海盗 2－1

人物小传

金发哈拉尔德

挪威国王（1030—1066），被称为“最后的维京人”。20 世纪初，挪威“金发王”哈拉尔德的祖母阿萨的船葬墓被发现并挖掘出来时，曾轰动世界。根据挪威古代传说，挪威金发王哈拉尔德出身于皇室，其祖先在挪威历史上赫赫有名。

哈拉尔德在 10 年征战中，不修饰、不剪发，任凭他

■公元 885 年，大批丹麦维京人乘船沿塞纳河直驱巴黎，著名的巴黎围攻战开始。

□公元 885 年 3 月，唐僖宗回到长安，12 月，河中节度使王重荣与李克用合兵进逼长安，僖宗出奔凤翔等地。

那一头金发像雄狮般狂乱飞舞。当他如愿以偿终于成为挪威国王后，一个手下人为他梳头剪发时，送给他一个著名的绰号“金发王”。

9世纪末，哈拉尔德统一挪威，成为挪威国王，手中的权力达到顶峰时期。哈拉尔德三世早年就离开挪威走上海盗生涯，曾到俄罗斯、拜占庭等地闯荡，后返回挪威继承了王位，直到1066年战死英伦，这宣告了北欧海盗在欧洲侵略扩张的终结，对于维京人来说就像是白矮星最后的光辉，在爆发出最大亮度之后便骤然熄灭。但是他四处征战的经历也正是北欧海盗永不知足精神的体现。

地球上的五大洋都曾出现过海盗的踪迹，而惟有北欧海盗对后世影响最深。他们的的确确是把基督教世界给搅了个天翻地覆，在惊涛骇浪中纵横四海的“维京人”令整个欧洲闻风丧胆，并从此成为海盗的代名词。

一个恐怖的维京时代来临

从公元780年开始，维京人越来越多地外出活动。他们需要更多的贸易市场，需要更多的掠夺场地，也变得更加大胆。793年6月，维京海盗在英格兰北海岸的林第斯法恩岛登陆，袭击并掠夺该地的修道院，这场出人意料的袭击对基督教欧洲来说犹如晴天霹雳。维京人的最佳武器是恐怖，身为异教徒的维京海盗们会毫不犹豫地杀害教士和掠夺教会的财产，并驱使当地的教士和居民成为他们的奴隶。海盗们每到一个教堂里，就将所有值钱的物品抢劫一空。对那些教堂中的收藏珍品、黄金圣物、金十字架、镶嵌宝石的福音书、教友们捐赠的珍宝，海盗们更是毫不手软。

教堂和修道院是欧洲人心中的圣地，这些地方遭到洗劫，对当地人的心理打击可想而知。一般人都会惧怕于他们的无情和残暴，他们就像

■公元886年，丹麦维京人权衡利弊之后，解除了对巴黎的围困。
□公元886年，拜占庭将习惯法综合编成法典，予以公布。

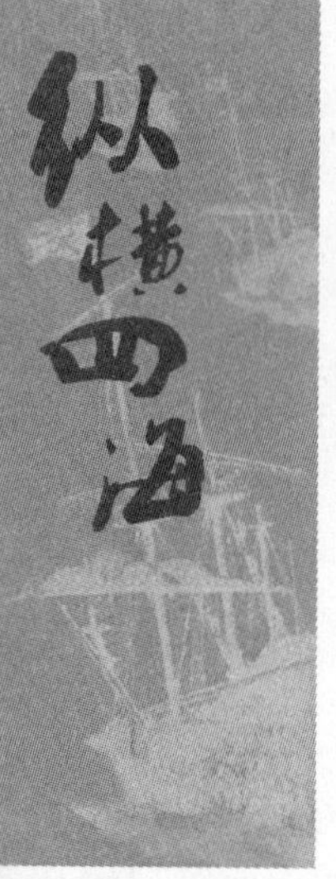

来自地狱的魔鬼。这次劫掠不仅标志着长达300年之久的北欧海盗称霸欧洲的“维京时代”由此开始，也在欧洲的历史上留下了一段极其痛苦的回忆。

在这一骇人听闻的突袭事件发生之后的两年内，北欧海盗又接连不断地袭击了许多毫无防备的修道院和教堂：贾罗、蒙特威尔穆什、圣帕特里克、圣高伦邦……这使得他们在自己家园南部的欧洲大陆上恶名昭著。最初，他们的突袭成果是不稳固的，在公元800年之前，这种袭击的范围往往只限于海岸地带。维京人是强悍的战士，但他们的人数较少，于是就得依靠周密的策划与出其不意的突袭。他们喜欢乘坐着在船首和船尾刻有龙头的大艇从海路进攻，快速、吃水浅的维京大战船让维京人可以从海上和河道上迅速作出攻击。他们往往在夜间出没，趁人不备，突然袭击。几只龙头船出现在天际，迅速靠岸，一小群人登岸后，突然攻击修道院和村庄，抢走珍宝，烧毁房屋，劫走家畜，然后很快地回到船上。由于9世纪的道路非常难走，所以维京人在集中对付富裕的城镇或修道院的时候，他们可以迅速地登陆且制服任何的反抗，并在任何有组织的武力赶到之前，便运走俘虏和劫掠品。除了教堂，一些村庄也相继遭到了劫掠，有时他们还俘虏女人和壮男，将他们当奴隶卖掉。凡是维京海

维京海盗的战斗场面　　2-2

■公元982年，红发埃里克发现格陵兰岛。

□公元982年，意大利城市威尼斯、热那亚同东方伊斯兰教地区的贸易繁盛起来。

盗袭击的地方几乎都变成了血与火的海洋。

后来，尝到了甜头的维京人干脆在寒冷的冬季不再返回北欧，而把袭击地作为根据地，并要求当地人向他们持续不断地进贡。再往后，这些海盗将攻掠的目标瞄准了西欧。劫掠对象从英格兰蔓延到苏格兰、爱尔兰、西班牙、葡萄牙、意大利直至法国的巴黎。他们远航的足迹遍及整个欧洲，南临红海，西到北美，东至巴格达。

随着基督教在欧洲大陆的推广，维京人在金钱或者刀剑下逐渐改变了信仰，宗教终于让他们放弃了拳头上讨生活的做法，漂泊不定的海盗在各地定居下来。

人物小传

卡努特大帝

丹麦王斯万一世之子，曾随父多次出征英格兰，索取贡赋。1016 年占领泰晤士河以北广大地区，年内征服英格兰全境，登上英格兰王位。1018 年，其兄丹麦王哈罗德死后无嗣，1019 年卡努特即丹麦王位，同时成了丹、英两国的国王。1028 年击败挪威和瑞典，成为挪威国王，并占领瑞典南部地区。

丹麦历代王者所发展起来的海盗帝国，终于在卡努特手里达到了顶峰，他建立了一个包括了挪威、英格兰、苏格兰和瑞典的南部的大帝国，是历史上唯一一个几乎统一了北海沿岸地区的帝王，北欧海盗进入了鼎盛时期。

卡努特一年的大部分时间都住在英格兰。在英格兰，他开始时以征服者身份实行强硬统治，但后来渐渐转而采用绥靖政策，让英格兰安宁了20年。虽然他按英国国王的方式生活，也娶了一位英国女子，但是，他的贴身卫队还是用的维京人。他还为消除丹麦人和英格兰人之间存在的差别而努力。自他的祖父蓝牙王

■公元 1003 年，红发埃里克的儿子莱夫·埃里克松率领35 名男子离开格陵兰岛，开始探险之旅。

□公元 1003 年，意大利比萨和卢卡两城交战，中世纪意大利城市间之战争由此开始。

起，丹麦王室就以基督徒的身份治国。卡努特多次派牧师到丹麦传教布道，在他统治时期，丹麦的基督教发展迅速。

1035 年 11 月，卡努特大帝去世。他的统治是北欧海盗最后的辉煌，自此之后，海盗王国再也没有取得过骄人的战绩。他的子孙们并没有保住强大的帝国。1043 年，卡努特二世的即位标志着北海大帝国的瓦解，同时也标志着丹麦维京时代的终结。

驶向冰岛和新的土地

尽管战绩辉煌，但这帮北欧海盗还是一直梦想寻找真正属于自己的世外桃源，过一种宁静的生活。毕竟，漫长的海盗生涯，费心又费力，他们疲倦了。

公元 815 年，维京人罗加兰离开法罗群岛，当他察觉到附近可能有陆地时，他们放飞了两只乌鸦，然后朝着乌鸦飞行的方向前进，很快就看到了冰岛。在这之前冰岛是世界上最后一个无人居住的大岛。冰岛位于北大西洋，远离欧洲大陆，虽然地处高纬，但是由于受北大西洋暖流的影响，岛上的气候比起斯堪的纳维亚半岛要温暖。岛上遍布火山，但是土壤肥沃，适合耕种和畜牧。岸上树林茂密，地下铁矿丰富，沿海的鱼类众多，是适于居住的一方宝地。

冰岛这个名字有很大的欺骗性，由于受北大西洋暖流的恩惠，该岛的气候甚至一度还好于维京人的挪威老家。之所以叫冰岛，可能包含了很大的吓唬人的成分。最早来到冰岛的是一些爱尔兰修道士。维京船长加罗兰追随着他放飞的两只乌鸦，把一条令当时所有人闻风丧胆的两头高高翘起的海盗船靠上了冰岛的海岸。他们赶走了那些为布道而来的帕帕尔人，这

■公元 911 年，法兰西国王查理三世将北部滨海地区让给诺曼人，后来此地称诺曼底。

□公元 911 年 8 月，燕王刘守光即帝位，国号“大燕”。

些人往往是些修士，乘坐着小舟来到这里。

第一批维京人在冰岛安家后，一场大规模的迁徙开始了，在以后一百多年内，大量维京人进入冰岛定居。

美丽寂静的冰岛　2－3

头几年，维京人以小团体的方式生活在一起，只有一个领导人。但是从公元930年起，人口大量涌入，岛上因而必须分成四个封建领地，由一个叫做“阿尔庭”的议会统治。不过，阿尔庭阻止不了氏族间的激烈争斗，这些争斗很快发展成战争。

冰岛人保持着他们古老的习惯，继续到大陆去做买卖。但是，由于冰岛本来地域狭小，而且适宜居住和耕种的土地不多，随着人口的大量涌入，岛上的资源显得贫乏了。有些历史学家估计，公元930年岛上有3万人，一个世纪后增加到6万人。可以想象，维京人的世外桃源这时候已经充满了争吵和打斗。这促使维京人必须去更远的地方，征服新的

■公元986年，14艘船经过艰苦跋涉带着450名新殖民者登上了格陵兰岛的海滩。
□公元986年，宋军北伐幽燕，战斗不利。杨业等与契丹耶律斜轸战于陈家谷，杨业战败被擒，绝食而死。

土地。

红发埃里克和格陵兰岛的故事

格陵兰岛的故事从一个脾气暴躁的冰岛定居者开始，人们称他为红发埃里克。历史将红发埃里克记录为发现格陵兰岛的第一人，作为北欧最出名的杀人犯和逃亡者，他同时也成为改变历史的冒险家。他出生在挪威，小时候因为几桩谋杀案，他和家人被流放到冰岛。他在一处农场安顿下来，娶了一个信仰基督教的妻子，养育了4个孩子。他们这种田园般的生活维持了没有几年，埃里克的暴躁脾气又慢慢抬头。他因为一头牛与邻居打架，结果把邻居的儿子打死了。冰岛的国会投票，决定将埃里克驱逐出冰岛。

红发埃里克带着家人和一些追随者登船，他们不知道该去哪里，显然往东回到斯堪的纳维亚半岛是不可行的，看来只能朝西航行。他乘船朝着西部一处隐约可见的未知陆地驶去，随后发现了陆地西南海岸一个很深的峡湾。那里有大西洋的暖流经过，气候与冰岛类似，最适合居住。红发埃里克花了3年时间走遍整个大岛，当时岛上大部分地方被冰封，地理条件和挪威非常相似，埃里克觉得“更冷的岛”这个名字似乎没有多少吸引力，于是决定把这个新的领地称为“格陵兰”（Greenland，绿色的岛），其实是想引诱其他人前来开发。

放逐期结束后，他向很多人讲起了那块“绿色的土地”是如何的富饶和美丽。当然，这个好听的名字助了埃里克一臂之力，吸引了当时很多贫穷的、刚刚经历饥荒的冰岛人，许多人决定前往这个“绿色之地”开辟家园。

■公元1035年，卡努特大帝去世，北海帝国破裂。

□公元1035年，西班牙那瓦尔王国分裂为亚拉冈、卡斯提尔和那瓦尔三部分。

人物小传

红发埃里克

公元950年，红发埃里克诞生于挪威南部。10岁的时候，他的父亲犯了杀人罪，他跟随父亲被驱逐到冰岛。由于和邻居的一系列争吵发生了斗殴并致人死亡，埃里克被宣判有罪，被冰岛放逐3年。

982年，走投无路的埃里克只好带着一家老小和全部家当，驾船从冰岛起航向西航行，发现了格陵兰岛。由于浮冰挡道，红毛埃里克几乎绕格陵兰岛南端一圈。经过两个夏季的考察，终于在该岛西南沿海地段找到了几片平坦之地，面对四周一片冰天雪地的荒原，埃里克情有独钟地将这片长满绿色植被的沿海地段命名为“格陵兰”，意为“绿色的土地”。企图以这个“令人亲切的、充满生机的称谓”诱惑世人，使人们迁徙到这个荒凉的冰原上。

红发埃里克在那里住了3年后，决定回冰岛去招募移民。公元985年，冰岛面临着一场人口危机，因此他毫不困难就找到了一群追随者前去格陵兰岛，25条移民船离开冰岛前往格陵兰岛，最终只有14条船胜利完成远航。

埃里克喜欢“崇高的荣誉，喜欢所有人都承认他的权威”。但是埃里克并没有处心积虑地要把自己变成专制君主，而是按照维京人的传统，采取了比较民主的治理，吸引了来自冰岛的其他移民。

公元986年，第一批500人乘坐25艘满载牲畜和生活必需品的船只向格陵兰岛进发，艰苦跋涉之后，只有14艘船带着450名新殖民者登上了格陵兰岛的海滩。当幸存者挣扎着爬上格陵兰岛海岸时，他们失望了，这里找不到铁矿，更谈不上有什么森林。维京人向来以不怕吃苦著名，但是，当他们来到格陵兰岛之后，才知道什么叫度日如年。

■公元1066年，哈拉尔德战死英伦，为维京时代彻底地画上句号。
□公元1066年，文学家苏洵卒，终年67岁。苏洵擅写散文，著有《嘉祐集》。

尽管这个格陵兰岛殖民地比冰岛大部分地区都更靠南，气候却更艰苦。格陵兰岛纬度太高，21.8 万平方公里的土地上只有 9 万平方公里的面积没有冰层，而影响格陵兰岛的洋流带来的则是刺骨冷风，还伴有大雾。寒风从北面带来浮冰，冰山常常封住峡湾，即便在夏季也是如此。最初，移民们选择定居的这片狭长的草地正好位于峡湾之上，正对着冰河。冰河定期流动，这常常给他们的石屋和茅舍带来灾难。夏季太短，因而根本不能考虑耕地和种粮。在接下来的 10 年中，几乎所有适合做农场的土地都被他们分抢一空。惟一的食物是鱼以及瘦弱的牛羊为他们提供的肉和奶。而且岛上铁矿稀缺，木材不足，使得维京人很快陷入困境。直到 11 世纪初，岛上只有 3000 人，生活在 300 多个农庄里。他们只能依靠打猎，用皮毛和海象

如今的格陵兰岛　2-4

牙和南方的同胞交换造船所必需的木材和铁钉。

然而令人赞叹的是，即使在如此严酷的环境中，维京人依然坚持了 500 年，直到全球气候变化，格陵兰岛变得更加不适合人类居住，他们才

最终撤回大陆。很多年后，人们才知道它是地球上最大的岛屿，相当于冰岛面积的20多倍，挪威面积的5倍多。

难能可贵的是，红发埃里克的儿子莱夫·埃里克松继承了他父亲勇往直前的探险事业，他向浩瀚的、未知的海洋航进，成为第一位抵达美洲新大陆的维京人，写下了北欧海盗传奇最精彩的篇章。早在哥伦布之前500年，莱夫·埃里克松已经驾驶维京人著名的龙头船驶向了美洲。

最早到达美洲世外桃源的人

哥伦布发现了美洲，这是写在历史和地理教科书中的人人皆知的事情。但是，近年来这种看法却受到了一些学者的质疑。他们指出早在哥伦布之前，就有一些人曾经到达过美洲。其中一种观点认为最先发现美洲的是北欧海盗。据称是1898年在美国出土的一块北欧石刻，后来被证实为1958年的赝品。1965年找到的维京航海图，有详尽的美洲海岸的轮廓，后来也被证明系伪造。直到1969年在丹麦的一个海盗墓中，终于找到了一枚石制的箭头，后经测试证实确为美洲的产物，海盗们确实到过北美洲。

红发埃里克的孩子们显然也遗传了他的冒险精神。1003年，红发埃里克的儿子莱夫·埃里克松率领35名男子离开格陵兰岛。他原本说服了父亲一起航行，但准备上船时，红发埃里克突然从马上摔了下来，他认为这是凶兆，于是放弃前往。

埃里克松决定自己出发，他们沿着格陵兰岛西海岸向北航行，踏上了伟大的探险之旅。因为在格陵兰岛天气特别好的时候，他们已经能看到北美洲大陆线，他知道远处还有更广阔的天地等待他。

埃里克松的航行首先到达一个充满了岩石和冰川的地方，这里的环

境令人颇为沮丧，他给这块地方取名为“赫卢兰”，即今天的巴芬岛。即使在科技日益进步的今天，这个岛上仍然人烟稀少，既没有公路、铁路，也没有乡村和城镇。几天后，埃里克松发现了美洲，到达加拿大东部的拉布拉多海岸，终于发现了一处“世外桃源”。那里气候宜人，与格陵兰相比，那里的冬天既温暖又明亮，长满了野葡萄，他们就在那里建房定居下来，并将它命名为“文兰”，意即“葡萄国度”。埃里克松和他的船员在纽芬兰的北部海岸建立起海盗前哨站，并在此度过了一个冬季。今天已经很难考证文兰具体在什么地方，一般认为就是加拿大的纽芬兰岛。

1004 年，埃里克松返回格陵兰岛，并宣布了他的发现，那里的人们称呼他为“幸运的莱夫”。莱夫·埃里克松希望能亲自率领移民到文兰去，但不久他的父亲就去世了，他必须留在家中承担父亲埃里克的职责。受到埃里克松的发现的鼓舞，其他维京人在此后几年中曾先后三次出航到“葡萄国度”，并在那里过冬，不过由于和当地的印第安人发生冲突，不得不又离开那片土地。公元 1014 年，莱夫·埃里克松的私生女弗雷德斯联合另外两个维京人，率领 60 多人前往“葡萄国度”。但到了那里之后，弗雷德斯见财起意，叫人杀了她的同伴 30 多人，她自己也杀害了几个女人，以夺取其财物。至此，维京人“葡萄国度”的故事，就在一个悍妇发动的自相残杀中结束了。到 1020 年，这批探险者中的最后一批人返回了格陵兰。直到大航海时代的到来，哥伦布再次“发现”了这片新大陆。

在维京人掀起的向西移民的狂潮中，“葡萄国度”是至今所知他们到达过最远的地方。此后，这场狂潮逐渐消退。到 13 世纪，恶劣的气候和无休止的争斗使格陵兰岛和冰岛的维京人放弃了他们令人羡慕的独立，向挪威臣服。昔日的荣耀一去不复返，却永不磨灭，海盗传奇被永远地记载了下来，让后人铭记祖先们的梦想与壮举。

一段维京人抹不掉的痛苦记忆

公元9世纪到公元11世纪，整个欧洲大陆被维京海盗带来的黑暗阴影笼罩，久久不能散去，维京海盗们在陆地和海洋上肆无忌惮，血腥的杀戮和劫掠把人们对和平生活的渴望碾得粉碎。

公元885年的复活节，大批丹麦维京人乘船沿塞纳河直驱巴黎，企图一举攻下法国首都。一个卫兵在巴黎城头第一次看见塞纳河被遮天蔽日的维京战船塞满，立即拉响了警钟。巴黎城顿时慌乱了，因为此时国王胖子查理亲率大军早已离城远征意大利，整个巴黎只留下200名骑兵守卫。率领这支海盗队伍的是丹麦首领西格·弗雷德，这些海盗大部分是丹麦人，也有其他地区的斯堪的纳维亚人。海盗们拥有700艘战船，载满3万名维京海盗。他们全副武装，手拿精心打造的斧头和双刃剑，或者是包有铁皮的椴木盾牌。

生死关头，巴黎主教高兹兰和伯爵奥多站出来，他俩在巴黎市民中奔走呼号，做了大量的工作。人民把所有希望都寄托在这两个斗志昂扬的领袖身上，巴黎居民纷纷表示，誓与巴黎城共生死。就这样，法国军民奋起抵抗，开始了历史上著名的巴黎围攻战。最终，这场原本不起眼的争夺变成维京人心底永远抹不去的伤痛。

刚开始发起攻击的维京人显得漫不经心。然而他们遇到的是巴黎的高墙深垒，无法跨越。海盗们带着不太牢固的云梯和简单的、带着尖角的冲撞器，和高大的堡垒做着博弈，结局可想而知。城堡内，雨点般的石头和箭矢从各个地方扑向海盗们，他们一个接着一个地倒下。即使再顽强的进攻也无济于事，只带来人员的不断伤亡，坚固的城堡丝毫未露出破绽。

更让海盗们感到绝望的是，巴黎守城的居民和士兵们从城头上一桶一

桶地往下倾倒沸腾的沥青和油，刹那间，只听见此起彼伏的痛苦哀叫声，海盗们一堆一堆地跌入河中。在北岸低矮的塔楼上，被烧烤至死的维京战士堆成了小山。一连几个星期，天天如此。一向骁勇善战的维京人第一次感受到战争的残酷和无情。

驻扎在塞纳河岸的维京人把巴黎包围了起来，在城郊挖战壕，征给养，双方僵持了整整一年。次年 2 月，巴黎南面的木桥被河水冲垮，维京人除了留下一部分继续围困巴黎，其余大部分人长驱直入，在塞纳河和卢瓦尔河之间烧杀掳掠。被围困的巴黎情势异常艰难，城里的士兵们大多已战死，此时瘟疫开始流行，巴黎城几乎陷入绝境。但几天后，形势发生了转机，得到消息的查理三世率领大军回师增援。国王的大部队和维京人的数量是悬殊的，应该说巴黎之战迎来了转折点。可惜历史的神奇之处往往就在于出其不意。查理三世在巴黎城外与维京人接连打了几仗，仍然无法获胜，也无法彻底解除巴黎之围。他打算谈判，给维京海盗 700 磅黄金作为送别礼，请求维京人离开。886 年底，丹麦人权衡利弊之后，拿着查理给的犒劳费解除了对巴黎的围困。但是他们并不甘心就此离去，后来维京人又多次溯塞纳河而上，抢劫了沿岸地区。查理的这一协定，激怒了先前与海盗们浴血奋战的巴黎人

勇猛的维京海盗画像　　2－5

民。他们纷纷要求国王查理下台。以至在巴黎解围之后，法王查理因未能赶走维京海盗被迫下台。

历史事件特写：诺曼底的由来

从公元793年林第斯法恩岛事件之后，维京海盗们在贪欲的驱使下，不再满足于在英伦三岛和欧洲大陆沿海一带活动，而是深入内地，攻城略地，进行大规模战争。这当中的佼佼者，要数“诺曼底大公”罗隆。罗隆非常张扬，每次总是把海上劫掠的财物拿到大庭广众之下炫耀，这引起海盗出身的国王金发哈拉尔德的不满，他对这个不知天高地厚的傻小子动了杀机。罗隆得知消息后，悄然离开了。无依无靠的他不得不投到丹麦海盗的门下，因为他作风顽强，工于心计，最后竟成了这些丹麦海盗的首领。他率领这些丹麦人在英格兰和法国西海岸一带兴风作浪二十年，队伍规模不断壮大，最后发展成了几十万，就连法国国王也束手无策。

到了公元911年法兰西国王查理三世对北欧海盗攻城略地、洗劫百姓之苦实在无法继续忍受，便学着英国人的做法，把法国的一块土地割让给罗隆，把罗隆封作诺曼底的大公，条件是这个北欧人必须信奉基督，并且负起保卫法兰西疆土的责任，不让其他海盗再来入侵。查理三世的“以夷制夷”方针果然奏效，法兰西得到了安宁，而罗隆所率领的这批丹麦海盗和少量挪威海盗便在诺曼底平原定居下来，虽然丹麦人被允许保留对奥丁神和索尔神的崇拜，然而在与当地人的融合过程中，被基督教强大的文化力量所同化，在宗教信仰上大多皈依了基督教，他们不再称呼自己是丹麦人或者挪威人，而是称为“诺曼人”，之后他们就慢慢地变成了英格兰的顺民。

酷睿点评

血色的夕阳，令人恐怖的骷髅旗，沾满血污的战刀，满船满仓的黄金，

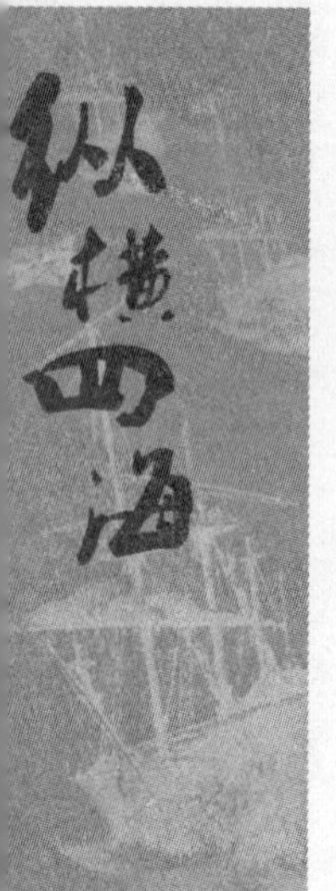

维京海盗的故事成为数以万计的文学创作的源泉，海盗的故事总是那么引人入胜。维京——来自北方的欧洲民族使得整个欧洲为之战栗，在后人的叙述中，维京海盗被描述成无恶不作的魔鬼，留下的是恐怖的阴影，但他们的功绩却不可忽略：移民冰岛、发现格陵兰、比哥伦布早500年踏上美洲的土地……维京海盗不只是海盗，他们还是航海家，开辟了新的世界；他们是战士，令整个世界为之恐惧。虽然辉煌之后，他们无声无息地退出了历史舞台，但他们充满了戏剧和悲剧色彩的人生、战斗、胜利和失败的传奇故事仍将继续流传。

改写世界文明史：阿拉伯海盗

提到古代海盗，人们脑海里首先想到的恐怕是维京人，或者是多次被搬进好莱坞电影的加勒比海盗，很少有人能想到中世纪的阿拉伯海盗。事实上，曾经横行于地中海和北非的阿拉伯海盗不仅建立起了世界上绝无仅有的海盗王国，而且改写了世界文明史。

曾经横行于地中海和北非的阿拉伯海盗不仅建立起了世界上绝无仅有的海盗王国，而且改写了世界文明史。

从地图上消失了的海盗海岸

阿拉伯半岛东部200多公里长的沿海地带以海岸线曲折而著称，其间散布的众多海湾和濒海湖是海上船只最为理想的避难所，素有“海盗海岸”之称。那里，曾经是阿拉伯海盗活动最为频繁的地区，不论是土耳其的苏丹还是英国的殖民者都对他们束手无策。而专门针对欧洲侵略者以及东印度公司的船只发动的袭击，又为阿拉伯海盗蒙上了一层反殖民反侵略的悲壮色彩。19世纪初，英国人忍无可忍之后，决心将波斯湾地区的海盗一网打尽。格兰特·开尔船长负责指挥此次行动。他的舰队包括两艘大型军舰，一艘是装备有50门大炮的“利维尔普尔”号，另一艘是装备有20门大炮的“伊登”号。此外，还有其他5艘护航船只。讨伐队中的陆军由1600名欧洲人和1400名当地士兵组成，它还将得到阿曼国苏丹塞伊德·萨伊德派出的马斯喀特的4艘船只和4000名阿拉伯士兵的支援。1819年讨伐队一劳永逸地消灭了该地区的海盗活动。阿拉伯海盗通过攻击、掠夺和奴隶贸易积累大量钱财的时代终于过去了。今天，东非的阿拉伯海员主要以运输茶叶、香料、海枣、红木和干鱼为生。“海盗海岸”这个名词已经被湮灭在历史的长河之中，但却影响了东西方的商路，改写了世界文明史的进程。

15世纪的地中海是联络东西方贸易的主要航路。阿拉伯人在印度的加尔各答、科琴和坎纳努尔等处购买东方的香料、宝石、丝绸、瓷器等货物，用单桅帆船送到沙特阿拉伯的吉达，再由驼队运送到埃及开罗，然后沿尼罗河用驳船转运到亚历山大城，销售给意大利人，并用威尼斯

■公元846年，阿拉伯海盗袭击了罗马，摧毁了梵蒂冈。
□公元846年，唐武宗病危，宦官立光王李怡为皇太叔。武宗卒，皇太叔即位，是为唐宣宗。

与热那亚的大船经地中海运往欧洲销售。可是早在1453年，自从土耳其人攻下了君士坦丁堡，原来去东方的陆地通路就被切断，要去诱人的东方，只有在水路上作打算了。为了满足自己对黄金的贪欲，欧洲的封建主、商人、航海家开始冒着生命危险远航大西洋去开辟到东方的新航路。

葡萄牙派出达·伽马绕过南非好望角到达印度，又派出海军和殖民者在东非扩张，最终打通了商路；而西班牙的哥伦布越过大西洋，发现了美洲。

在海盗们的帮助下，土耳其夺取了东地中海霸权，地中海沿岸的威尼斯、佛罗伦萨和西西里等邦国逐渐走向没落，于是欧洲文明的中心从地中海转向了大西洋之滨。

人物小传

达·伽马

瓦斯科·达·伽马，15世纪末和16世纪初葡萄牙航海家，也是开拓了从欧洲绕过好望角通往印度的地理大发现家。1460年左右、达·伽马出生在葡萄牙海滨市镇锡尼希一个破落贵族家庭。达·伽马的祖辈曾参加过与摩尔人和卡斯提尔人的长期战争，是葡萄牙贵族。幼时的达·伽马是与渔家的孩子一起长大的，常与他们一同学习游泳，驾驶帆船和捕鱼。还在孩提时代，达·伽马就已经能辨别风向，认识星辰，还特别喜欢听水手们讲述远航异国他乡的故事。这些故事在他幼小的心灵里燃起了酷爱冒险的火花。

1497年7月8日，他奉葡萄牙国王之命，由首都里斯本启航，探索绕过“好望角”通往印度的航线。船队终于在1498年5月抵达印度西南海岸的卡利卡特（即今科泽科德）。达·伽马在返航前与印度统治者签订了贸易

■1453年5月29日，君士坦丁堡被土耳其苏丹穆罕默德二世攻陷，千年帝国拜占庭灭亡。
□1453年，英法百年战争结束，法国收复除加来港以外的全部失地，基本实现了全国的政治统一。

协定，1499 年 9 月带着剩下一半的船员胜利地回到了里斯本。

1502 年 2 月，达·伽马再度率领船队开始了第二次印度探险，1503 年 2 月，达·伽马满载着从印度西南海岸掠夺来的大量价值昂贵的香料，乘着印度洋的东北季风，率领 13 艘船只向葡萄牙返回，同年 10 月回到了里斯本。

当达·伽马完成了第二次远航印度的使命后，得到了葡萄牙国王的额外赏赐，1519 年受封为伯爵。1524 年，他被任命为印度副王，同年，他启程作第三次远征，赴印度亲任总督。年底，刚坐上总督宝座不久的达·伽马，脖颈和后脑上的恶性脓疮突然发作，他在极度的痛苦中气绝身亡。1539 年，达·伽马的遗骸由印度运回葡萄牙。在他的墓碑上刻写着：

“维迪盖拉一等伯爵，
东印度海军上将，
著名的印度发现者，
瓦斯科·达·伽马长眠之地。”

达·伽马画像　3－1

达·伽马在船上指挥　3－2

■1498 年，葡萄牙航海家达·伽马绕过非洲大陆，抵达印度卡利卡特，从而开辟西欧通往印度的新航路。
□1498 年 5 月—1500 年 10 月，哥伦布第三次远航，发现南美洲北部海岸。

红胡子巴巴罗萨建立世界惟一的海盗王国

地中海地区岛屿、半岛错落，港湾密布，航道密集，是欧洲文明的发祥地。古代欧洲许多民族的繁衍与活动同地中海息息相关，地中海给予他们以航运之便，同时也对外族的进入提供了交通和便利，因此自古以来海盗活动就很猖獗。由于科技的进步，船只变得更快更好。各国的利益竞争和对殖民地的野心给海盗活动提供了最大的温床。随着私掠许可证的出现，海盗活动甚至开始“合法化”了。

地中海上早已有海盗活动：腓尼基人、希腊人、罗马人，现在这一队伍中又加进了阿拉伯人。从 16 世纪起，一直到 19 世纪初，北非的海盗远近闻名，他们几乎控制了西地中海的商业、交通。在许多电影、电视里，他们被描绘成手持利剑，杀人越货的强盗。其实不然。北非海盗建立了世界史上绝无仅有的海盗王国——巴巴罗萨王朝，他的建立者就是后来蜚声世界的“红胡子”巴巴罗萨。

巴巴罗萨出生于 1466 年，是希腊米蒂利尼陶工雅库布 4 个儿子中最小的一个，他们并非阿拉伯人，但皈依了伊斯兰教。像大多数海盗一样，红胡子是怎样起家的，人们都不清楚，甚至连他的真名实姓也蒙上了一层神秘的色彩。巴巴罗萨自幼随父兄参与奥斯曼土耳其帝国纵容的、针对神圣罗马帝国的海盗活动。西班牙争夺王位战争期间，在东印度群岛的一艘英国人的武装民船上，他学会了海盗本领。在一次战争中巴巴罗萨成了教皇的俘虏，并被押往罗得丝岛。但他逃了出来。当再次回到海盗船上时，他组织了一次反叛，抢了一艘海盗船，竖起了自己的海盗旗。

1504 年的春天，巴巴罗萨第一次“下手”，就震动了整个地中海。他抢掠了世界上最有威望、最有权势、最富有、收藏艺术品最多的人——罗

■1502 年，葡萄牙人达·伽马第二次远航印度，途经非洲东海岸，占领基尔瓦为东进据点。
□1502 年，什叶派首领伊斯梅尔攻占大不里士，自立为沙赫，萨菲王朝（1502—1722）在波斯建立。

马教皇尤利二世的船。尤利二世闻讯后，愤怒之极，但他也感到无计可施，只能泛泛地下令捉拿海盗，可是茫茫大海，哪里还有巴巴罗萨的影子？自从这次抢掠成功后，巴巴罗萨更是肆无忌惮，他率领着海盗船队到处杀人越货，无往不利。但是，有一天他却厌倦了常年漂泊的海盗生涯，幻想在陆地上建立起一个基地，打造自己的一片天下。

15 世纪中叶，强大一时的哈夫斯王朝由盛转衰，在他们曾经统治的领土上产生了许多小的封建王朝。到了 16 世纪初，哈夫斯王朝已陷于深深的危机之中，当时王朝的一个君主，同巴巴罗萨两兄弟达成了一项协议，这个协议就是将杰尔巴岛等岛屿廉价出卖给这两名海盗。

千百年来，在杰尔巴岛上发生的故事不仅是北非战争史的缩影，也是和地中海的海盗紧紧联系在一起的。公元 5 世纪到公元 6 世纪的一百年之间，杰尔巴岛就先后经历了汪达尔人、拜占庭人和阿拉伯人的统治。杰尔巴岛是突尼斯最大的岛屿，长 27 公里，宽 26 公里，面积 510 平方公里。哈夫斯王朝和这两名海盗所签订协议而产生的后果，恐怕无论对哈夫斯王朝来说还是对这两名海盗兄弟来说，都是始料不及的。

随着海盗活动的日益猖獗，杰尔巴岛上的巴巴罗萨兄弟势力越来越大，其装备也“鸟枪换炮”，从单打独斗的海盗船发展成为一支庞大的能征善战的舰队。到后来，巴巴罗萨乘机废掉阿尔及尔王，自己取而代之，宣布自己是阿尔及尔苏丹，史称“巴巴罗萨一世”。

就这样，世界史上绝无仅有的海盗王国——巴巴罗萨王朝诞生了，杰尔巴岛不仅成为海盗进行抢劫远征的基地，还一度成了地中海地区国际政治的活动中心。海盗们在长达 3 个世纪的历史时期中，参与政治，操纵时局，纵横驰骋于广阔的政治舞台之上。

他为了巩固自己的地位，保障其国家的安全便转而向土耳其寻求援助，求得土耳其的庇护和支持。他正式承认土耳其苏丹的最高权力，依附于土耳其，土耳其海盗活动的顶峰时期是与 16 世纪土耳其海上力量的扩张相一致的。对土耳其来说，巴巴罗萨兄弟这支庞大而能征善战的舰队是极有利

■1504 年，教皇尤利二世的两艘军用帆桨大船被巴巴罗萨夺走。
□1504 年，中亚费尔干纳的统治者巴布尔攻占喀布尔。

用价值的，因而也是土耳其争取和拉拢的盟友。随着实力不断的扩张，他已不再把攻击和抢劫的目标仅仅局限于公海上的船只，他积极与阿拉伯人联合，开始对欧洲各国的地中海港口实施大胆的袭击，特别是对西班牙船只的袭击更毫不留情。

他的行为惹恼了西班牙帝国，西班牙不能容忍一个海盗头子沐猴而冠，西班牙国王查理五世给西班牙当地全权代理人往奥兰派兵 1 万人，他们联合马耳他骑士团，对海盗展开围剿，把巴巴罗萨和他的部队包围于特累姆森。1512 年巴巴罗萨一怒之下向不日伊发动了攻击，结果被砍掉了一条胳膊。在他养伤期间，由他弟弟海尔・丁指挥。

1518 年 8 月 17 日，在西班牙人的一次大征讨中，西班牙的贵族卡玛雷斯利指挥的军队向巴巴罗萨的队伍步步进逼。在毫无准备的情况下，巴巴罗萨不得不带着海盗们紧急撤离，但西班牙人并没有因他的一退再退而停止追击，反而拿出了“追穷寇”的精神，一路追赶，双方在阿尔及尔展开激战。

当巴巴罗萨成功渡过河时，他看到那些殿后的海盗兄弟被西班牙人屠杀，这个充满血性的人突然间产生了愧疚。他知道，只要他再返回河对岸，就将踏上一条不归路，面对着他的只能是死路一条。但他不愿看到这些兄弟为他一人而死。他竟然折返回去，再次渡河参加战斗。他最终没有冲出包围。经过几个小时的激战，胜利后的西班牙人终于在血流成河的战场上发现了巴巴罗萨的尸体，同他一起战死的有 1500 名海盗。传说巴巴罗萨为了诱

红胡子巴巴罗萨　　3－3

■1518 年，海尔・丁正式投靠奥斯曼土耳其帝国。

□1519 年，5 月 2 日，意大利著名艺术家、文艺复兴的巨人列奥纳多・达・芬奇去世，终年 67 岁。

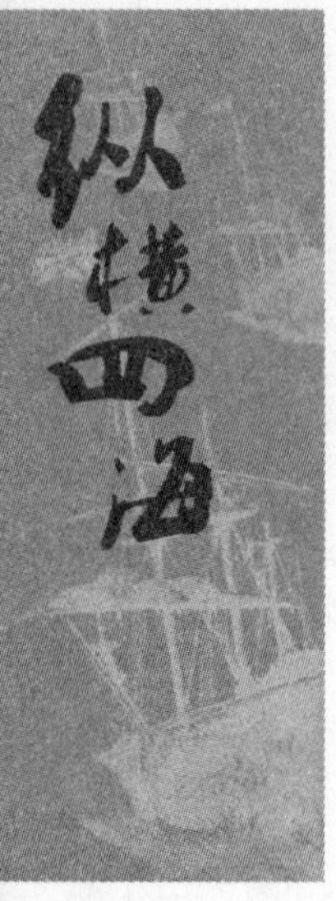

骗追击者离开他，边走边撒出黄金和白银。但历史证实，他这样做也只是枉费心机。

人物小传

尤利二世

教皇尤利二世（1443—1513），出生于意大利，1471 年任枢机主教，管辖三个意大利主教区和六个法兰西主教区。1492 年，罗德里哥·波几亚枢机主教当选为教皇，称为亚历山大六世。他阴谋杀害尤利二世，于是尤利二世逃至法兰西国王查理八世的宫廷避难。1503 年，亚历山大六世去世，尤利二世回到罗马，并于 10 月当选为教皇。

尤利二世是一位集野心、霸权、智慧、博爱于一身的教皇。他那复杂的性格、深沉的内心世界总是令人捉摸不透。有时候他是一位乐善好施的大慈善家，有时却是一位残暴的君主。他是历史上少见的野心勃勃的教皇，一方面崇尚武功，一心想通过战争建立一个像古罗马帝国那样强盛的、威名赫赫的教皇国；另一方面，他也要在文化艺术方面赶超古罗马，因此他对艺术品的追求也近乎狂热。他不仅把文艺复兴的巨匠米开朗琪罗和拉斐尔吸引到了梵蒂冈，让米开朗琪罗和拉斐尔为西斯廷教堂制作天顶画，还委托拉斐尔为他的私人套房搞装饰，还利用教皇的权势，搜集、拥有大批文物。

1505 年，他邀请意大利文艺复兴时代的雕刻家、画家、建筑师米开朗琪罗赶赴罗马，让这位人类的巨匠为自己制作一座辉煌的、能够使他永世扬名的陵墓。

1511 年，教皇尤利二世为免意大利落入法国人之手，联合各城市及西班牙拼凑成反对法国的“神圣联盟”。

1513 年的 1 月下旬，尤利二世诸病并发，呻吟病榻

■1533 年，苏丹把海尔·丁召到伊斯坦布尔，任命他为奥斯曼帝国海军元帅。

□1533 年，大同总兵李瑾以督役浚壕过急，被役卒焚杀，史称“大同兵变”。

上。他忏悔自己是个大罪人，向红衣主教们告别。1513年2月20日，他离开了人世，全罗马哀悼他，史无前例的人群前来送葬并吻尸体的脚。

复活的巴巴罗萨

西班牙庆贺巴巴罗萨死去为时过早，他们又面临着一个新的、更危险的敌人——巴巴罗萨一世的弟弟海尔·丁。比起哥哥，他更聪明，更狡猾诡诈，更有谋略，在组织能力和政治手腕上更成熟一些。

1518年，他正式投靠奥斯曼土耳其帝国，承认土耳其苏丹的最高权力，宣布自己为其藩属，并向土耳其苏丹宣誓效忠，同时正式宣称自己为巴巴罗萨二世。奥斯曼土耳其赠给他精兵2000名，他本人又招兵4000名，在那个时代，如此庞大的兵力已俨然是一个强国了。海尔·丁有了这样大的兵力，攻占了阿尔及利亚港口波尼、科洛和舍尔舍勒，并迫使当地人交纳贡赋。土耳其苏丹做巴巴罗萨二世的靠山，既解除了他的后顾之忧，又增强了他军事上的战斗力，使他能全力以赴投入对西班牙人的斗争。他残酷无情地对西班牙各港口实施洗劫，掠夺财富、人口，实行焦土政策，身后留下的则是残垣断壁，居民惨遭屠戮，留下了“魔鬼海盗”的骂名。

1526年，西班牙人再次企图夺回阿尔及尔，但海尔·丁的力量已相当之大。虽然距阿尔及尔不远的一个小岛上有西班牙的佩农堡垒，它不断发出强大的火力，但海尔·丁善于运用机动的船只，在一个有很多浅沙滩、难于导航的停泊地上，还是夺走了几艘西班牙船只。战斗以西班牙旗舰被夺、舰队司令被俘而告终。海尔·丁获胜后，并未返回阿尔及尔，而是前往突尼斯，因为阿尔及尔的别伊与西班牙人串通一气。在近3年的时间里，海尔·丁从突尼斯出发，进行海盗式的战斗。1529年他用买来的几百门重炮连轰了6昼夜，攻下了阿尔及尔港口的孤岛佩农要塞。海尔·丁亲自尝

■1538年9月25日，在希腊西海岸的普雷佛扎湾，多利亚统率的西班牙—威尼斯联合舰队同海尔·丁统率的土耳其舰队展开激战。

□1538年，明朝廷命在云南、四川、两广、两湖等省复设镇守太监，征收矿税。

到过佩农堡垒的苦头，因此，过了不长时间他就进攻该堡垒，迫使500人的守军投降。他下令拆除工事，以基督徒奴隶为劳力，用石头修起一道堤，把岛屿与陆地联结起来。

在17年的漫长岁月里，海尔·丁在地中海西部建立了国家规模的海盗统治地位，没有遇到强有力的反抗。后来，土耳其人进攻维也纳。皇帝查理五世任命热那亚人安德烈亚·多里阿为地中海帝国海军元帅。1533年，苏丹把海尔·丁召到伊斯坦布尔，任命他为奥斯曼帝国海军元帅，有权指挥全部帝国舰队，第二年，他将西班牙人全部逐出北非。被激怒的西班牙人派出海军名将安德鲁·多利亚出战，多利亚和海尔·丁之间的战争，一段时间内不分胜负。多利亚在地中海东部取得一系列胜利的时候，海尔·丁率强大舰队到了意大利海岸，搅得鸡犬不宁，人心惶惶。他在美塞尼亚湾击败多利亚，一直追击到威尼斯湾。

遭受这些失败后，查理五世组织了一支冒险队进行反打击。在巴塞罗那，一队队德国士兵、西班牙士兵和意大利士兵走上多利亚统帅的军舰。查理凭借这些力量，占领了突尼斯。1535年7月21日，查理五世凯旋入城，听任士兵劫掠。负责守城的海尔·丁逃跑后继续从阿尔及尔出发，进行海盗活动。1538年9月25日，在希腊西海岸的普雷佛扎湾，多利亚统率的西班牙—威尼斯联合舰队同海尔·丁统率的土耳其舰队展开激战。多利亚战败，威尼斯被迫与苏丹签订了不平等和约。海尔·丁此次获胜后，成了地中海权力无限的霸主，历史悠久的丝绸之路从此被切断了，盛极一时的威尼斯共和国也从此一蹶不振。

此时的巴巴罗萨二世，权势可谓如日中天，荣誉、地位、财富让他子孙后代享之不尽。他决定不再冒险了，他要好好地安享晚年。但是他也明白，阿尔及尔和杰尔巴岛并不是他颐养天年的好地方，因此他选择了土耳其首都伊斯坦布尔。在伊斯坦布尔，他仍然领有阿尔及尔统治者的头衔，并一直是奥斯曼帝国苏丹苏里曼一世的宠臣。

1546年7月4日，海盗海尔·丁离开了人世。他的陵寝位于博斯普鲁

■1546年7月4日，海尔·丁离开人世。

□1546年2月28日，宗教改革领袖马丁.路德去世，终年63岁。

斯海峡的金角湾，每一艘经过此处的土耳其船只都会降帆鸣号，向他致敬，这是世界海盗史上空前绝后的殊荣。他的“业绩”也为苏里曼之后的各苏丹所颂扬。

海尔·丁长眠于金角湾 3-4

巴巴罗萨的追随者们

海尔·丁死后，苏丹委任德拉古特为土耳其海军元帅和地中海东部海军总司令。德拉古特是海尔·丁的徒弟，也是他的舰队的一名军官。他同老师有着同样的经历，也在基督徒的帆桨大船上呆过3年，后被以高价赎出。在与俘虏过他的多里阿作战过程中，德拉古特为苏丹夺回了北非海岸的很多基地，又占领了的黎波里。为此苏丹任命他为该城别伊。德拉古特当上司令后所做的第一件事就是把整个海盗舰队从阿尔及尔港口转移到巴

■公元1587年6月27日，海盗乌利季·阿利去世。

□公元1587年，名臣海瑞卒，终年73岁。海瑞曾严惩贪官污吏，平反冤狱，其著作后人辑为《海瑞集》。

巴罗萨兄弟的老窝——杰尔巴岛上去了。德拉古特不喜欢阿尔及尔，它是开放型的，正如俗话说的那样，是四面通风的，而杰尔巴的僻静港湾却会可靠地使船只免遭风吹和敌人的攻击。

德拉古特对西班牙和意大利海岸进行了几次海盗式征战。1565 年，他率摩尔—土耳其舰队进攻已转交给圣殿骑士团的马耳他岛。1565 年 5 月 1 日，土耳其海军开到了马耳他岛前。它共有 140 艘大桡战船、35 艘平底帆船和 21 艘西班牙大帆船。这些船上还配有许许多多火炮，既有舰炮，也有攻城炮；土耳其人把摧毁马耳他要塞墙的主要希望寄托在这些攻城炮上。德拉古特的征战部队达 3 万余人。奥斯曼帝国的舰队与圣殿骑士团双方力量对比为 15∶1。令所有人意外的是，当时守卫岛上的以瓦莱塔为首的圣殿骑士团的骑士们同岛上的居民一起奋起反抗，迎头痛击入侵者。以致这一战成了欧洲历史上著名的战役——“马耳他之围”。激战中，圣殿骑士团的每一名骑士都拼尽全力，为骑士的荣誉而战。他们以一当十，对土耳其人进行了拼死的抵抗。战斗长期陷入僵持状态，双方无法分出胜负。为了保证胜利，德拉古特亲自到前线督战。然而，意想不到的事发生了，他被炮弹击中而死。

马耳他的卫士们顽强地坚守着阵地，不久，他们的援兵赶到了，是西班牙国王腓力二世和西西里总督派来的援兵。土耳其人撤销了围攻，在马耳他城下损折了将近一半的兵力。

毫无疑问，德拉古特的阵亡在很大程度上是这次失败的主要原因。天才人物对任何事件的进程都会起巨大的影响，而德拉古特就是个有才干的人——难怪海尔·丁本人如此庇护他，并在他所开创的许多事业中帮助过他。若是德拉古特还活着，谁知道围攻马耳他的战争会有什么结果。但是，事实是无法逆转的，于是马耳他防御战就作为英勇无畏精神的最辉煌篇章而载入了史册。

不过，大自然是不容许有空白之处的——来顶替德拉古特的是一个天赋并不逊于他的人。德拉古特的继承者是一个改信伊斯兰教的欧洲人，现取新名为乌利季·阿利，出生于意大利。他的青少年时代是在天主教堂里度过的，他曾打算当一名神职人员，并在修道院里读过书。但是瓦尔瓦里海盗对他居住的那个小城的一次进攻使这位年轻修士的命运发生了急剧的变化。在土耳其海盗对意大利南部沿海的骚扰和袭击中，他成了海盗的俘虏，在海盗船上干了许多年，后来才在德拉古特的船上任舵手。跟着德拉古特的那些日子，他积累了丰富的航海经验和作战经验。

此后不久，乌利季·阿利一路青云直上，他被任命为阿尔及尔地方行政全权代理人。在他统治阿尔及尔近20年中，有三大可圈可点的战绩：一是他从西班牙人手中夺回了突尼斯城；二是他曾捕获三艘马耳他骑士团的大桡战船；三是他攻占塞浦路斯岛，使该岛成为土耳其的领地。但是，他并未被任命为土耳其舰队总司令，仍在指挥着一个海盗小舰队，直到1571年。

早在1570年夏天，教皇就召开会议，呼吁欧洲各国有船出船，有人出人，支持威尼斯人与奥斯曼帝国作战。经过一番协商，组建了一支欧洲各国的联合舰队。1571年，罗马教皇、西班牙和威尼斯的联合舰队同土耳其舰队在勒班陀附近交战。联合舰队由奥地利大公多恩·胡安指挥，他是查理五世的私生子。土耳其舰队由苏丹宠儿阿利·巴夏指挥。

最后多恩·胡安赢得了这场战斗。但是土耳其一方也有胜利者，这就是乌利季·阿利。他率舰队缴获很多艘基督教徒的船只。其中有马耳他人的旗舰，乌利季·阿利把旗舰舰旗送往伊斯坦布尔。但单单依靠这支海盗舰队的局部胜利，终究未能扭转整个战局。

直到此时，苏丹才任命乌利季·阿利为战后所余全部土耳其军舰的总司令。这项任命，也是乌利季·阿利整个海盗生涯的顶峰。乌利季·阿利成了非洲的最后一任贝伊勒别伊。16世纪末，阿尔及尔和突尼斯宣布自己是独立的国家，退出了土耳其帝国。但是，在1587年6月27日之前，也就是在去世之前，乌利季·阿利依然还是贝伊勒别伊。

奥斯曼土耳其从一个鲜为人知的突厥部族迅速崛起成为一个横跨欧亚

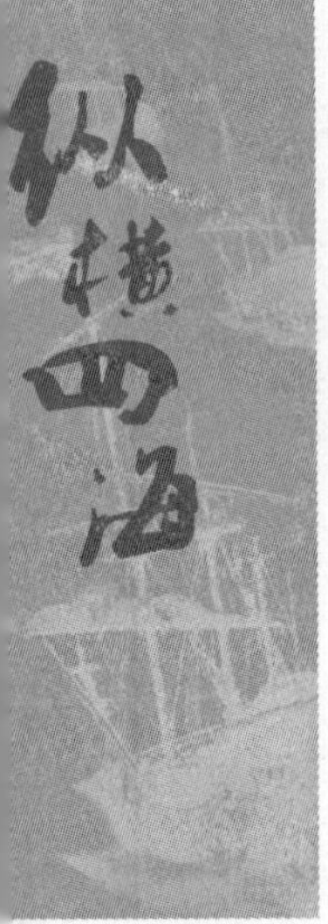

非的强大帝国，主要原因之一就是他们在以往的战斗中所向披靡，节节胜利。但勒班陀之战以后，奥斯曼帝国开始衰落，北非海岸逐步摆脱了土耳其人的控制。蛮夷国家（16 世纪欧洲这样称呼摩洛哥、阿尔及利亚、突尼斯和的黎波里坦尼亚）已不大考虑苏丹的利益了。它们把自己的港口和沿海居民地变成了海盗基地，以国家规模组织海上掠夺，同时进行奴隶贸易这种有利可图的事情。海盗威胁着地中海上的航行。他们穿过直布罗陀海峡，猎取从西部殖民地运送白银的西班牙船只，猎取驶往印度的荷兰和英国船只。

海尔·丁死后海盗内部混乱，他们的继承人，都力图保住这个海盗国家在地中海的地位。但一个无情的事实是，他们之中没有一个人在能力和政治手段上能同这个海盗之国的两位奠基者巴巴罗萨兄弟相比，因此在北非的世袭领地最终没能保住。随着土耳其势力的衰弱，海盗们也渐渐变成了真正的官员、官兵，从大海上消失了。

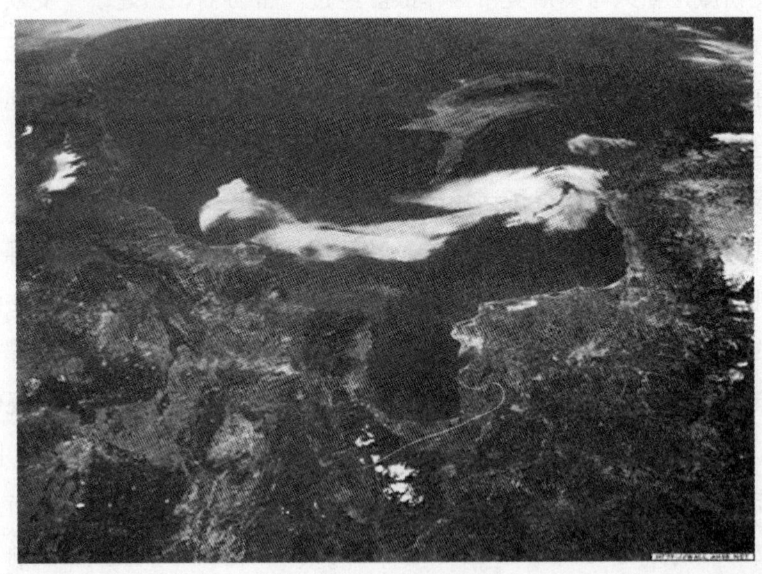

蓝色地中海 3－5

人物小传

德拉古特

德拉古特，土耳其海盗中一个极富传奇色彩的人物，他出生于土耳其本土的安那托里亚，本来是一个土耳其下级军官，在土耳其舰队中曾担任指挥官的角色并且在许多次战斗中表现得很突出。得知这一消息的巴巴罗萨二世用重金请他来阿尔及尔，并把一支由12艘战舰组成的分舰队交由他指挥。就这样，德拉古特也走上了海盗的道路。

在一次与西班牙人的海上遭遇战中，德拉古特被俘，做了4年奴隶。巴巴罗萨二世听到这个消息万分着急，付给西班牙人高达4000金币的赎金，终于把德拉古特赎回了。获释回来的德拉古特对救命恩人感激不尽，并当场表示，要在有生之年为巴巴罗萨二世效犬马之劳。此时海尔·丁做出了引退的决定，而这时再也没有比德拉古特更好的海盗舰队司令的候选人了，所以海尔·丁放心地把自己的职务转交给了学生。

晚年的巴巴罗萨二世因年老体弱告别了海盗生涯，就是由德拉古特一路护送他到土耳其首都伊斯坦布尔，使他能够在那里安度晚年。作为对自己心腹爱将的回报，巴巴罗萨二世让德拉古特担任海盗王朝的继承人。

1565年，“马耳他之围”中，他亲自到前线督战，结果被炮弹击中而死。

阿拉伯海盗藏宝之谜

在传奇的海盗生涯中，海盗们抢劫财宝然后埋藏起来，留待日后取出。

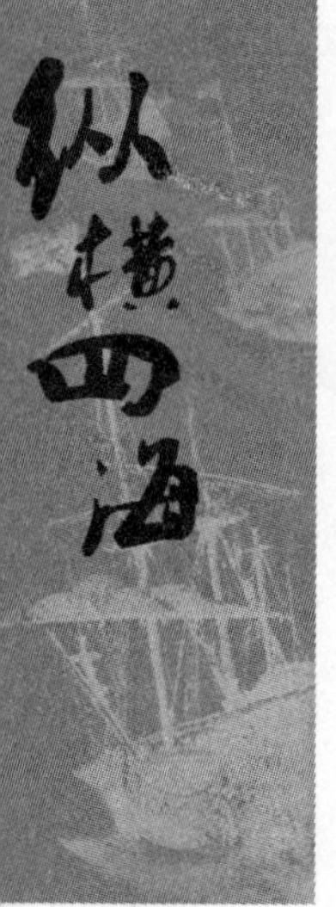

但是，并不是所有宝藏都能再找到，还有不计其数的珍宝原封未动地静静躺在某一处海湾、洞穴或海底海盗沉船的遗骸中，等待着人们的发掘。其中最引人入胜的故事之一，便是盖地城邦的藏宝故事，所有有关盖地的童话般的冒险故事都毫无疑问是以历史事实为依据的，它的主角就是阿拉伯海盗的另一支——东非海盗。

《一千零一夜》里许多故事，如辛巴达航海，都提到了东非海盗。早在10世纪左右，那一片海域就海盗猖獗，对往来船只构成威胁。这些海盗以东非沿海的港口，如蒙巴萨等为据点，袭击亚丁湾和印度洋西岸的商船，并将东非的桑给巴尔岛当作重要的基地和藏宝地。盖地城邦的黄金时代正是阿拉伯海盗横行波斯湾的年代。在15～17世纪，阿拉伯人在此建造了豪华的住宅和许多精美的清真寺、面积上千平方米的总督府等巨大建筑。

当时印度洋上最著名的海盗，就是具有阿拉伯人血统的蒂皮·蒂普。蒂皮·蒂普是大海盗，同时是著名的商人，他经商致富的第一桶金来自海上劫掠，而这些财富又成为其大搞黑奴和象牙贸易的资本。他曾率领海盗船队多次袭击这条航路上的商船，通过多次的抢掠，他为自己积累了巨额财富，甚至在桑给巴尔岛建造了金碧辉煌的城堡。

1870年，蒂皮·蒂普得到情报，一支12艘船组成的船队满载香料和100桶金银，将经过东非沿海，他们准备用这些钱在东非和中非购买奴隶。蒂皮·蒂普就带领海盗船队悄悄地跟在这支商船队后面，偷偷地监视着他们，准备寻找机会下手。

在平安无事地行驶了几百海里之后，船队在肯尼亚东海岸附近遇到了暴风雨。肆虐的狂风击打着海涛，追赶着船队。这些木制的帆船当然无力承受如此巨大的自然力，船队中的很多船不仅偏离了航线，而且被暗礁和激浪中的岩石撞得支离破碎。但是有先见之明的船员们早在大难来临之前就把那100桶金币用小艇转移到了另外两艘没有损坏的船上。然后，通过一条隐蔽的大河的支流，把100多桶金币运到了充满神秘气息的盖地城邦。

当然，这一切都没有逃出蒂皮·蒂普的眼底。

经过几番周折，当那些人把金币藏好之后，就相互约定，不久之后再来把这批宝藏平分。然而，没想到当他们登陆以后，等待他们的却是蒂皮·蒂普。蒂皮·蒂普是个残忍的海盗，他拒绝了水手们“一半金银换性命”的交易，将他们全部杀死，因为他自信自己对盖地一带了如指掌，只要哪个地方稍微有一点变动，他就能觉察出来。他觉得即使闭着眼睛也能找到那100桶金币。

但是，这次他太过于自信了，尽管他后来在此地辗转多次，却始终没找到那批宝藏。蒂皮·蒂普后悔得捶胸顿足，恨自己为什么不留下一个活口，最后只得悻悻然而去，很快就销声匿迹了。

根据古老的传说，盖地古城的修建可以追溯到公元前。最早的建造者应该是班图人，是在阿拉伯人来到之前。1100年左右，阿拉伯人乘着他们的船在肯尼亚海岸抛锚登陆，在这里建立了一个商业移民区，它很快发展成为一个繁荣的城市。它与印度、波斯、威尼斯之间广泛的商业关系使它不仅拥有大量的香料和贵重木料，还有无数金子、宝石和象牙。16世纪中期，盖地古城消失了。据史书介绍，这座城市之所以消亡，主要有两方面的原因：一是食用淡水枯竭；二是16世纪上半叶葡萄牙殖民者的入侵。还有一种说法，就是早在1529年4月间，在它临近的两个城市蒙巴萨和马林迪之间，有过一场惨烈的战争，后来蒙巴萨灭掉了马林迪，盖地离马林迪只有十里地，所以难逃一劫，被捎带着摧毁了。此后，繁华的盖地城邦不见人影，逐渐被原始森林所覆盖，从此，这个东非最为富庶的城市消失在绿色树木形成的屏障之中。

这一支阿拉伯海盗的黄金历史很快结束了。1884年，德国占领桑给巴尔岛，此时已进入铁甲蒸汽战舰时代，海盗逐渐被历史尘封，直到100年后才重新回到前台。

1884年，英国人约翰·基尔克爵士凭着一把大砍刀，左砍右砍，硬是在密不透风的原始森林里砍出一条小路，进入了早已消失的盖地城邦，并

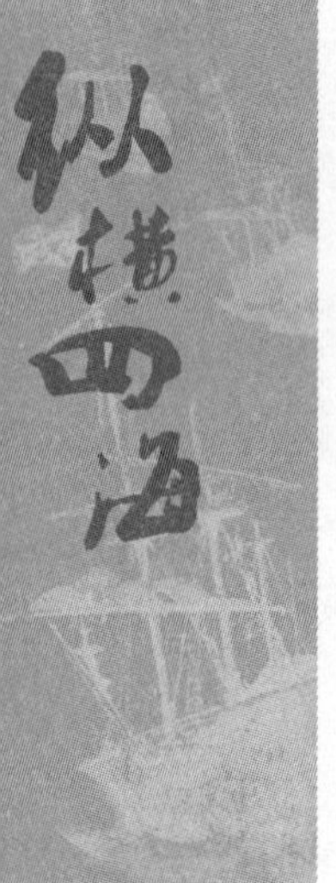

为这个几百年来一直掩没在浓密森林中的堡垒废墟拍下了第一张照片。从此，这座废墟城市就成了“东非的宝贝”，于1927年被宣布为历史文物。1939年它差点儿坍塌，经过草草地修复又存留了下来，从1948年开始成为“国家纪念物”，受政府保护，并对外开放。与此同时，“海盗=宝藏”成了阿拉伯世界的不朽传说，盖地城邦埋藏着100桶黄金的故事和大海盗蒂皮·蒂普的名字，也逐渐在人们中间流传起来。

20世纪下半叶，随着探险和寻宝热的兴起，盖地的名字更是像长了翅膀一样，在世界上许多国家传开，“蒂皮·蒂普寻宝探险”至今仍是肯尼亚最热门的旅游项目之一。在过去100年中，曾有大量的阿拉伯人、葡萄牙人、荷兰人和英国人来到盖地寻宝。他们冒着随时丧命的危险，面对着周围成千上万的蚊子、巨蚁在森林里到处挖掘，几乎翻遍了每一寸土地，但是都一无所获。

盖地废墟　　3－6

历史事件特写：巴巴罗萨抢劫教皇大船

1504年，教皇尤利二世的两艘军用帆桨大船被巴巴罗萨夺走。这两艘船上载有贵重物品，由热那亚驶往契维塔韦基亚。

当时两艘帆桨船相距较远，互相看不见，船上又未采取任何防范措施。在厄尔巴岛一带，突然出现了一艘快速帆船，直向行驶在前面的那艘教皇的帆桨大船冲来。帆船快赶上帆桨大船时，藏在甲板下的阿拉伯人已作好了接舷战斗准备。这时教皇船上才发现了敌情，但已为时过晚。经短时间交战，帆桨大船落入海盗之手。活着的船员奉命脱去衣服，海盗立即穿上。他们放慢了帆桨大船的速度，像拖战利品一样，拖着自己的船，等候第二艘帆桨大船。

此时，后面这艘船的船长已经能看见船上身着教皇水手服的士兵都站在各自的岗位上，当发现一艘小船被拖在大船后面，还以为那是战利品。两艘船终于齐头并进了。巴巴罗萨一声令下，海盗们发出了猛烈的进攻，水手们还没反应过来，海盗就已经跳到了甲板上，一阵厮杀，这艘船也成了巴巴罗萨的囊中之物。

酷睿点评

谁敢抢劫世上最有威望、最有权势、最富有的罗马教皇？阿拉伯海盗用行动打破了这一神话。进入中世纪以后，维京人四处征讨，足迹踏遍欧洲，与此同时阿拉伯海盗驰骋一时，在漫长岁月中呼风唤雨，改写着世界的历史进程，肆无忌惮地航行在大海的每一个地方，用血肉之躯去实现每一个传说、每一个幻想。

他们象征着黑暗、残忍，狂热的宗教使他们成为十分危险的人。即使

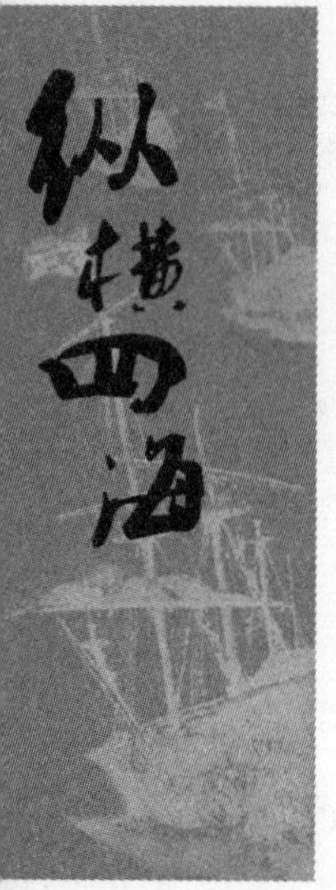

在销声匿迹之后，人们对他们仍然记忆犹新。19 世纪早期阿拉伯海盗的船只都被烧毁，海盗形象开始带有浪漫和神秘色彩，海盗们的宝藏也成了恒久的传说，100 桶金币更是直到今天都还在吸引着人们贪婪的目光和匆匆的脚步。

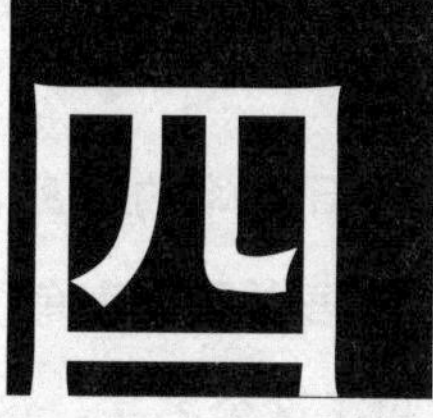

海盗史上的黄金时期：加勒比海盗

14世纪，世界秩序一片混乱，加勒比海盗就在这种背景下在加勒比海及其附近区域应运而生，并和来自世界各地的头脑发热的冒险家们一起成长。他们通过这种职业不仅保存了个体生命，还在世界新秩序的重建过程中浑水摸鱼。新大陆的发现，除了开创世界历史的新纪元，同时也标志着新的海盗时代的来临。此后，世界的大洋被散居在各个海面上的海盗完整地开启。

14世纪，世界秩序一片混乱，加勒比海盗就在这种背景下在加勒比海及其附近区域应运而生。

海盗王国——“海岸兄弟”

在烟波浩淼的加勒比海中，耸立着一座山岩林立、怪石嶙峋的小岛，那就是曾经海盗云集的托尔图加岛。“托尔图加”在西班牙语中是“海龟”之意。1492年哥伦布航行至此，发现海龟很多，就给它起了这个名字。这个小岛长约20英里，宽约七八英里。它非常小，在地图上看的话，一个针头就可以覆盖它。

刚刚来到托尔图加岛的法国人，还比较循规蹈矩，他们向当地的印第安人学习打猎，能与当地的印第安人和平相处。他们中的大部分人越过大西洋，本来只是为了做一个和平移民，从事耕耘。定居下来的法国人最初按当地印第安人的方式从事狩猎，他们都会制作腌肉：把野兽的肉撒上盐，晾干，然后在浓烟中加以熏烤，他们用这种方式制作的肉在热带气候条件下能保存很长时间。这种腌制的肉在安的列斯群岛上需求量很大，是这些法国“猎人”的主要收入。再后来，这些法国人就干脆干起了海盗的营生。他们的猎物，已不再是山羊之类的动物，而是过往的渔民。

为此，西班牙人便派出了大量部队讨伐这些“猎人”，三番五次地毁掉他们的庄稼，烧掉他们的住宅，西班牙政府想尽一切办法清剿海盗的巢穴，但是这些海盗就像野草一样无法根除。于是新教徒们就加入了“海岸兄弟”，试图向西班牙人报复。他们同英国海盗一起使加勒比海充满了恐惧，由海盗组成的“海岸兄弟”的历史也由此开始。

“海岸兄弟”的队伍不断得到欧洲来客和冒险家的补充，也得到开小

■1418年，恩里克在圣文森特海角建立航海基地，开始长达一个世纪的开辟东方航路的航行。
□1418年，朝鲜组建海军，并占领日本的对马岛。

差的水手和士兵、逃跑的奴隶和印第安人的补充。托尔图加岛正地处从加勒比海进入大西洋的大门口，任何船只进出加勒比海都无法绕开它。这为“自由勇士”们袭击黄金舰队和其他商船提供了方便。加勒比海众多岛屿上荒无人烟，食品充足，有水果、野味、鱼龟和牡蛎，是海盗理想的栖身之地。他们的平底小船机动性强，可由托尔图加岛很快赶到繁忙的海上要道，而攻击西班牙船只之后，又能躲进众多的海峡，易于避开追捕。

在海盗的生活中，有个“海上守则”是至高无上的。“海岸兄弟”的所有成员都要进行宣誓效忠仪式，遵守自己所承诺的一切规矩。他们中间很少有违背誓言的事情发生。海盗规矩中有一条很重要的内容是平等，船上的每一名成员，从见习水手到船长大家都吃同样的食物，想吃多少想喝多少都可以，但如果酗酒则要受到严厉惩罚。这一规则对船长同样适用，尽管在指挥船舶和作战中他有至高无上的权力。在决定和解决重大问题时，船长应首先拿出自己的意见，船上的所有成员都有权提出各种各样的方案和建议，如决定远征的目的、船舶的航向等重大问题都是通过这样的程序定下来的。

分配掠获物时，海盗们很重视船长的作用。在被截获的船只上，由他决定什么应该当作掠获物拿走，什么不拿。他们主要拿黄金、白银、珍珠、奢侈品。加勒比海盗的首领一般比普通船员多得五六倍。每人按照工作的岗位分得赃物，第一个找到宝物的人还另有奖励。

加入“海岸兄弟”的手续并不复杂，志愿者只要向船长表达出这种愿望，宣誓效忠后即可成为新的成员。不过新成员的入盟程序都是在船舶抛锚停靠时进行的，而不是在船上。海盗要发誓不在船上行窃或欺骗别的伙伴，船上不允许有锁和钥匙。如果发现有偷窃同伴东西的行为就要被割掉耳朵和鼻子，如果再犯，就要被放逐到荒凉的海滩上，只给他留一罐水，一把步枪和几颗子弹。

他们的战术是一成不变的：突然出现，轰击港口，然后船员登上海岸，

■1487 年，迪亚士绕过了非洲大陆的最南端——好望角。
□1487 年，明宪宗卒，皇太子朱佑樘即位，是为孝宗。

开始攻城。攻城时所有海盗都参加，无一例外。他们抢劫的基本目标是教堂和富户。富翁若不说出他们的财宝藏在什么地方，他们就一直拷问他。之后他们放火烧毁城市，又像来时一样突然消失。“海岸兄弟”的地位巩固以后，就着手把托尔图加岛修建成一座坚固的要塞，使其成为加勒比地区的海盗都城。

其中一个最著名的船长，就是让·达维特，但人们都叫他弗朗苏阿·奥洛内，更常把他简单地称作奥洛内。年轻时，他曾当过3年雇工，后来才把他当作正式成员吸收进“海岸兄弟会”。他在森林中艰苦度日，随时都有可能被西班牙骑手抓住活活烧死。这使得西班牙人在他心目中成了死敌。一次战斗中，海盗船长战死，大家推举他当了新船长。奥洛内几次攻击都凯旋而归，但在一次大风暴中失去了自己的乘船。他威望颇高，所以，托尔图加岛的法国总督帮他很快置办了一艘新船。奥洛内又成功地进行了几次海盗式劫掠，不料他的船在坎佩切附近搁浅。由于奥洛内对西班牙俘虏特别残忍，所以西班牙人非常憎恨他。每艘西班牙船，每个西班牙居民点，同他作战时，都要战斗到最后一个人。一次，西班牙人发现了遇险的海盗船，把他们的船员全部打死，想找到奥洛内。奥洛内往身上涂满血污，藏在尸体中间，才幸免一死。西班牙人走后，奥洛内穿上了一个被打死的敌人的衣服，乘独木舟返回托尔图加。总督又帮他搞到一艘新船。当西班牙人还在庆功时，奥洛内已经乘坐第三艘船停在哈瓦那附近，等候西班牙商船了。

还有一个名叫罗克的著名海盗，比起来他一点也不逊色。这位英勇好战的荷兰人从巴西海岸来到美洲大陆上的西班牙殖民地，这里的海盗名单上似乎早已为他留下了位置。在第一次冒险中，他就俘获了一艘价值惊人的运宝船，并且成功地把它弄到了牙买加。后来，当被西班牙人逮捕的时候，他还威胁他们，说他的追随者必将用鲜血为他复仇。这个威胁吓坏了西班牙人，最终西班牙人把他放走了。

■1492年8月3日，哥伦布从帕洛斯角出发，开辟通往印度的道路。
□1492年，西班牙国王费迪南德征服穆斯林邦国格林纳达，完成了国家的统一。

随着时光的流逝，“海岸兄弟”们散居在安的列斯群岛各岛上，组成了一些不大的多民族的群体：有的群体以法国人为主，有的群体以英国人或荷兰人为主。这些“海岸兄弟”群体后来被欧洲列强用作殖民地占领的先锋军。海岸兄弟们或者作为捕敌私船船员，或者作为征讨队队员，打起这个国家或那个国家的旗帜，与正规部队并肩作战。

不过，海盗王国的辉煌仅仅是它末日到来的先兆。英国政府终于认识到了他们并非任何时候都可以利用。甚至还有人说，海盗们向英国殖民者种植场的奴隶秘密提供武器。由于对巴尔巴多斯与牙买加奴隶起义的担心超过了利用海盗削弱西班牙海上势力的打算，英国宣布海盗活动为非法，不仅不再向他们发放攻击西班牙船只的许可证，还宣称要剿灭他们。于是海盗们赶紧离开了苦心经营的托尔图加岛，成了真正的海上漂泊者。

从此之后，他们不再只攻击西班牙船只。无论什么国家的船只，只要他们认为值得攻击和可以攻击，就决不放过，不管它们是英国、法国的，还是荷兰、葡萄牙的。在若干个世纪中，这些海盗绵延不绝。

人物小传

奥洛内

他出身于下层士兵阶层，年轻时，他曾当过3年雇工，被送到西印度群岛后逃到伊斯帕尼奥拉岛，奥洛内过了几年猎人生活之后，最终加入“海岸兄弟会”。奥洛内的崛起并不十分迅速，他是经过了艰辛的努力，克服了许多困难才逐渐闻名于世的。奥洛内当了海盗之后，表现得极为勇猛和强悍。奥洛内极其残酷，喜欢折磨那些不愿回答他问题的犯人。

1666年，奥洛内在南美大陆进行了第一次大规模行动。尽管西班牙士兵奋力反抗，但圣佩德罗还是落入了他们的手中。不过，大部分居民已稳妥地藏起了财产，

■1493年9月25日，哥伦布出发进行第二次远航。
□1493年，中国北方发生蝗灾，京师北京蝗虫遮天蔽日达3天之久。

逃避在外。奥洛内只掠得少量财产，命令放火烧城，然后返回沿海地区，兵力损失殆尽。

后来，奥洛内率300多名船员在洪都拉斯湾等待猎物，但毫无结果。他的船员食不果腹，船又搁了浅。大炮和索具都搬上了岸，但船依然没有浮起来。奥洛内在半年之内不断抗击印第安人的进攻。后来，他率剩余的150名船员乘自造的平底小船，向尼加拉瓜河河口驶去。但那里的印第安人也赶他走。奥洛内只得沿海岸乘船去达连安湾。他上岸去补充食品和淡水，印第安人进攻他，最后，在达连湾的某个岛屿上，他惨死在了印第安土著人的手中。

海盗首都罗亚尔港的兴衰史

16、17世纪，中、南美洲可以说是西班牙的天下，他们将搜刮来的大量金银财宝一船船地运回欧洲。在入侵西半球方面，英国落后西班牙一步，除了控制北美洲南部以外，很难染指西班牙的势力范围。当时，英国的海军力量也不如西班牙，只能占据加勒比海的若干岛屿，寻找机会抢夺西班牙的殖民地。17世纪30年代，法国国王下令不允许法国的岛上发生海盗事件，颁布命令镇压加勒比海盗。被赶出海龟岛的英国海盗认为罗亚尔港是理想的基地，于是作为海盗中心的托尔图加岛衰落了下去，代之而起的是牙买加岛的罗亚尔港。

1655年5月，一支英国舰队占领了牙买加，并立刻邀请海盗来到岛上最大港口罗亚尔港，协助防守西班牙人可能的反扑。西班牙人数次反扑，均以失败告终。1670年，西班牙人正式将牙买加割让给英国，英国人立刻将这个岛作为其海盗行动的基地。

罗亚尔港虽然人口不过几万，但短短几年的工夫，这里就变成了加勒

■1495年，哥伦布通过枪炮在海地岛上建立了西班牙的第一块殖民地。

□1495年，鞑靼西扰甘肃，东侵宣府，又入辽东，成为明朝一大边患。

比海的贸易中心，旺盛地生长起一块风纪废弛、臭名昭著的世俗乐土，号称“地球上最邪恶之城”。海盗抢夺来的金银珠宝在这里堆成山，一船船金子有的时候都轮不到卸船，只有停放在港口里等候。这里是人类历史上最邪恶的城市，也是最堕落的城市，城市的奢侈程度远远超越当时的伦敦和巴黎，据说那年头要找一个比皇家港更叫人厌恶的藏污纳垢之所，是不容易的。整个城市没有任何工业，却可以享受最豪华的物质生活。中国的丝绸、印度尼西亚的香料、英国的工业品一应俱全。当然最多的还是金条、银条和珠宝。在英国人的统治下，它是牙买加的首都，也是海盗的天堂。海盗经常对周边地区进行掠夺。1687 年至 1692 年，罗亚尔港的海盗共袭击过 18 个城市、4 座城镇、几十个小的定居点，其中有些地方被掠夺过多次，就连内陆城市也没能幸免。光天化日之下，海盗们招摇过市，而原本规矩的商人却大多惶惶然离开了此地。在这种纸醉金迷的诱惑下，各色各样的人都抱着大发横财的目的来到了那里。

1692 年 6 月 7 日正值星期一，是一个风和日丽很热的好日子，罗亚尔港仍像往常一样热闹，酒馆人声嘈杂，销赃市场顾客如云，各式船只频繁进出港口，满载着工业品的英国船在码头卸货，美洲大陆的过境船在修帆加水，没有任何将发生惨剧的迹象。中午时分，炽烈的太阳照得城市像蒸笼一样闷热，人们都躲到阴影底下去了。顷刻间，刚才还星光灿烂的夜空一下子变了，浓黑的云层逼压过来，天河犹若倒悬，地面转眼变成了河流，人们纷纷从屋内冲出来夺路而逃，有的人还没弄清发生了什么事情，就被头上掉下的东西砸得脑浆迸裂。地面出现巨大裂缝，建筑物纷纷倒塌。土地像波浪一样在起伏，地面同时出现几百条裂缝，忽开忽合。海水像开了锅，激浪将港内船只悉数打碎。人们在屋塌、地裂、海啸交逼下，疯狂奔走，企图找一个庇身之所。盲目逃命，你推我撞，造成更大的混乱。许多人陷入裂缝，有的半截夹在泥里，头部露出地面，活活被挤死了，有的陷入地缝之后，尸体随同喷水射出地面。11 时 47 分，一阵最猛烈的震动之后，全城三分之二没于海水底下，至今历历可见，还有一部分房屋的烟囱、

■1508 年 1 月 13 日，葡萄牙国王曼努埃尔向舰队司令石圭伊拉发出指令，要求他调查中国国情。
□1508 年，刘瑾添设“内厂”，并亲自掌领，其用刑之酷更胜于东、西厂。

屋顶、船桅杆等露出水面，海岸形成 400 米高的断崖。

此后，英国人修建了金斯敦城，首府却迁到内陆的西班牙镇。1872 年，金斯敦恢复到罗亚尔的规模，首府又从西班牙镇迁回来。1907 年 1 月 14 日，像罗亚尔一样，金斯敦市也遭遇了大地震。更可怕的是，摇摇晃晃之中的金斯敦，还引起了大火，熊熊大火在金斯敦连烧了 4 天 4 夜，1000 多人在躲过地震之后，又丧命于火灾。

300 年一晃而过，当年的沧海变成了桑田，沉睡在海底的罗亚尔港随着时间的流逝，部分地段已露出水面，成为杂草丛生的陆地。1990 年，美国得克萨斯州 A&M 大学接到牙买加政府的邀请，再次开始罗亚尔港的挖掘工作。现在罗亚尔港宝藏的寻找工作还在继续，但无人知道泥土下究竟埋藏着多少昔日的繁华。

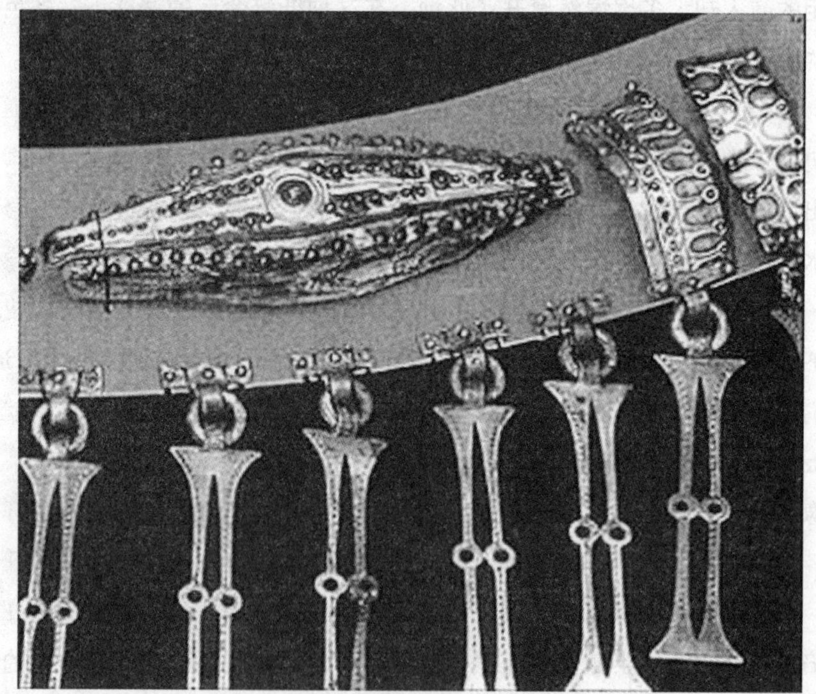

在罗亚尔港遗迹里发现的具有海盗特色的装饰品　4－1

■1588 年 7 月 22 日，西班牙和英国之间第一次战争爆发。
□1588 年，努尔哈赤征服并统一建州女真五部。

反派英雄摩根船长

罗亚尔港被人们称为“海盗的巴比伦”，这里也正是亨利·摩根海盗生涯开始和结束的地方。就是他，把海盗事业带到了最辉煌的顶峰。他的一生如同一个传奇，从普林西普城到贝略港，从马拉开波城到巴拿马，杀戮和暴行始终伴随着摩根的行程，留下来的是一座座烈火中的地狱。这一次次罪恶的远征，成就了摩根的荣华富贵。即使到了今天，他的名字仍然有着无穷的魅力，一看到他的名字，人们就会想起他勇敢的行为、不屈不挠的勇气，想起他的残忍好战，以及他对金子无止境的贪婪。这个历史上最残酷的海盗之一，也是最成功的海盗之一，就这样载入了加勒比海的历史。

亨利·摩根出生于威尔士一个地主家庭。少年时，他来到西印度，像奥洛内一样，在托尔图加岛加入了“海岸兄弟”。1663 年，摩根带人去中美洲大陆袭击西班牙人的地盘，掠夺了大量财宝，之后回到牙买加的皇家港，娶了叔叔的女儿。当时，英国恢复了君主制，他的伯父爱德华·摩根先生被任命为该岛副总督。总督手中掌握着一支舰队，由 8 艘三桅巡洋舰组成，计有大炮 81 门，船员 740 名。舰队由爱德华·曼斯菲尔德指挥。此人是上将军衔，在当时的加勒比海是一位出色的舰队统帅。亨利·摩根当上了曼斯菲尔德的副手。1665 年，摩根以指挥英国海盗队伍第二把手的身份，参加了英国对荷兰的战争。在这次战争中，英国虽说没有占到太大的便宜，但对于经历了战场的亨利·摩根来说，可谓小试牛刀，为他以后的大展身手奠定了基础。

1666 年，上将采取行动，占领了卡塔利纳岛，计划在那里修建基地。后来，西班牙人又夺回该岛，曼斯菲尔德被俘。他以后的命运不详。据西

■1655 年 5 月，一支英国舰队占领了牙买加。

□1655 年，克伦威尔在英国实行军区制，建立军事独裁统治。翌年军区制取消。

班牙人报道，他被押往波尔托佩洛，并被处死。也有消息说，他得以逃脱。他的牙买加舰队司令一职由亨利·摩根继任。1668 年，他已经成为英国海军中将，掌管一支由 15 艘船和 900 多名船员组成的舰队。与此同时，海盗们推举他成为牙买加海盗的总头目，脚跨黑白两道，摩根成为当时“最可怕的人”和“海盗之王”。

1669 年，摩根正在旗舰“牛津”号上召开军事会议，一个喝得烂醉的水手火枪走火，击中火药库，结果发生爆炸，这艘有 36 门大炮的军舰飞上了天。舰上所有的人，包括被邀请来的人和船员，均被炸死。只有摩根和坐在他身旁的几名船长安然无恙。尽管发生了这样的事情，摩根仍然继续行进，其目标是马拉开波。

自从受到奥洛内的进攻以来，该城居民十分谨慎。当摩根避过守卫海峡的堡垒，进入马拉开波湖的时候，居民们已携细软弃城而逃。同奥洛内一样，摩根也先占领了距马拉开波不远的小城直布罗陀。海盗们按照他的命令，把郊区搜索了整整 3 周。为了搞清宝物藏匿地点，他们拷问每一个被抓住的人，不论是男是女。当他们出湖返回时，一支西班牙的强大舰队拦住了去路。这时摩根命令准备好一艘放火船，往货舱里装满火药和胶质物，在甲板上摆上假人和大炮作为伪装。看来，西班牙人没有想到这是诡计，于是在夜色之中乘船驶近这艘敌船。装满燃烧物的放火船爆炸了，西班牙船都被大火团团围住。这时摩根的船正挂帆停在安全地带，等待着这一时机的到来。西班牙船上一片慌乱，他乘机神不知鬼不觉地携带价值 3 万英镑的虏获物驶入了公海。

1670 年，摩根率 2000 名海盗夺取了西班牙在美洲最重要的城市之一——巴拿马。进到城里后，大肆劫掠屠杀，此时的摩根，成了名副其实的“残暴者”。但是，此时英国已与西班牙签署了停战协议，英国占了上风，亨利·摩根因为破坏了安定团结局面而奉召回国，被打入了地牢。国王查尔斯二世赦免了他。1675 年，摩根以最高执法官和副总督的身份返回牙买加，很快又被任命为该岛总督。穿上了英国军服的摩根，仍然是那么

■1670 年，海盗摩根率 2000 名海盗夺取巴拿马。

□1670 年，清政府致信据守尼布楚的俄军，令其撤出雅克萨。

冷酷无情，为了执行国王的命令，更为了保住自己的官位，他对海盗们采取了极为残暴的镇压手段。海盗出身的摩根，当然对海盗的习性了如指掌，他围剿、镇压起海盗来，处处点到“死穴”。为了活命，许多海盗成了名副其实的船员，从事正经的、和平的航运业务。

1688 年，53 岁的摩根已经沦为一个醉鬼，一名黑人巫师替他灌肠并为他的全身敷上黏土，这反而加重了他的病情。1688 年 8 月 25 日，摩根在罗雅利卧榻上平静地死去。

葡萄牙王室里的第一棵新芽

提起历史上地理大发现的大航海时代，首先应该提到的是欧洲小国葡萄牙的远航事业。葡萄牙在拉丁语里，原意是“温暖的港口”，这倒是很名副其实。那里土地贫瘠，物产有限，惟一可以依靠的也只有其“温暖的港口”。到 15 世纪，其人口已经达到 150 万左右，他们惟一的出路只有向海上发展，而最早意识到这一点的，正是被后世称为“航海家”的恩里克王子。在 15 世纪初，虽然航海技术已经有了很大提高，但航海还远不是现代人所想象的浪漫事业，而是极为艰苦、风险极大、收获很小的事业，一般贵族阶层很少有人涉足。

这位据说相貌俊朗的王子恩里克是葡萄牙国王若奥一世的第三个儿子。这个年轻人对政治并不感兴趣，但从未放弃对海洋探险的渴求，他到远离政治中心里斯本的葡萄牙最南部的阿加维省任总督，并在靠近圣文森特角的一个叫萨格里什的小村子定居下来，这个地方成了他以后几十年中到陌生地方进行探险的出发地。他创办航海学校，广泛搜罗学者，购买航海仪器，并精心挑选了葡萄牙第一流的探险家和英勇无畏的水手。从 15 世纪 20 年代开始，他的探险努力逐步收到成效。

■1692 年 6 月 7 日，罗亚尔港地震，全城三分之二没于海水之下。

□1692 年，思想家王夫之卒，终年 73 岁。他著有《张子正蒙注》、《周易外传》、《读通鉴论》等百余种，后被辑为《船山遗书》。

1415年，恩里克亲任统帅突袭休达，事先摩尔人一点也不知情，结果仅用了一天时间，休达就被攻陷，葡萄牙人仅阵亡了8人。后人把这看作是葡萄牙人，也是欧洲人向外扩张的开端。

1418年，恩里克在圣文森特海角建立航海基地，开始长达一个世纪的开辟东方航路的航行。

1419年或1420年，恩里克派出了他的第一支仅有一艘横帆船的探险队，向南寻找几内亚。船被风吹向了西方，马德拉群岛就这样被发现了，恩里克王子随后宣布该群岛属葡萄牙所有，并于1420年派出了殖民船队。1427年，向西南探险的舰队发现了亚速尔群岛，1432年，恩里克王子派出16条船、数百人、一名牧师，带着几十头牲畜殖民亚速尔群岛，这为后来的远洋航行提供了补给基地。

葡萄牙航海博物馆　4－2

恩里克的另一个成就是，他绕过了非洲的博哈多尔角，使欧洲人的世界地图又往南延伸了一部分。博哈多尔角以南对于当时的欧洲人来说是一个全然未知的世界，1434年，在经过十几次的尝试后，恩里克王子的远征队终于在船长吉尔·埃亚内斯率领下越过了该角。

恩里克的这些探险活动基本上伴随着掳掠和殖民，相当一部分可以归于“海盗活动”。1443年，恩里克在拉各斯（今尼日利亚首府）开设奴隶贸易站。葡萄牙国王批准这个贸易站拥有垄断奴隶贸易的权利，并豁免其向国库上缴利润。1444年，葡萄牙人兰沙洛特·加龙省率领的海盗船队第一次有计划地在非洲西部沿海大规模猎捕奴隶，掳得黑人275名，受到恩里克的特别嘉奖。从1444年至1448年的4年间，葡萄牙海盗掳得的黑人奴隶达927人之多。殖民者把这些奴隶运到欧洲市场上公开拍卖。此后葡萄牙掠取奴隶的数字逐年增加。从1457年至1460年，每年均有近千名黑奴被掳至葡萄牙拍卖。这些奴隶被拍卖后，多数在宫廷贵族、富商地主家作仆役，少数在西班牙银矿中当矿工，或在葡萄牙南部地区从事开垦土地的农业劳动。

这些“海盗活动”的收益，主要是用于补贴长期远洋航行的经费，也正因为这些利润的存在，使得国内对恩里克王子的“异想天开”从批评转为了支持。有了舆论支持和经费补充，葡萄牙人的步伐加快了。

1458年，恩里克最后一次参加了征服北非的战役，攻占了休达以西的阿尔卡塞。此次远行，也是他最后一次乘船航海。1460年，恩里克逝世，但一切没有就此停步，往大洋深处的路线越走越远，迪亚士在1487年绕过了非洲大陆的最南端——好望角，达·伽马跟着这条路线绕过非洲南部最终抵达了传说中的东方大陆之一——印度海岸。

达·伽马的名声远没有我们所想象的那么光彩，说他是海盗也不为过。当他于1502年再次出海的时候，船上都装有大炮。在坦桑尼亚南部的港口，达·伽马扣留了前来洽谈贸易的苏丹，杀死他的随从，并要求他们向葡萄牙王国进贡。这是武力建立殖民地的开端，接着在印度洋海面上，他的舰队抢劫了一艘从麦加朝圣归来的船只，把船货卸下来就在海上连人带船一起烧掉，所有船上的人——几百人包括妇女和孩子——都被活活烧死。到了10月份，他的军舰开到印度的卡里卡特，蛮横地要求把所有的伊斯兰教徒都从这个港市驱逐出去。正当扎莫林犹豫不定之时，达·伽马就捕杀和致残了38名印度渔夫，随后就对这个港市实行轰炸。直到获得卡里卡特屈服的允诺，才带着抢来的满船香料和黄金回到国内。

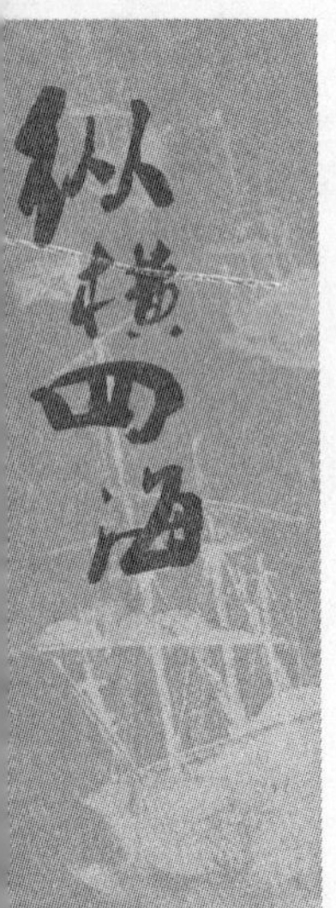

1474年，葡萄牙国王就从意大利学者中得知中国是一个富厚无匹的国家，葡萄牙国王曼努埃尔于1508年1月13日，向舰队司令石圭伊拉发出指令，要求他调查中国国情，包括中国的地理位置、风俗人情、宗教信仰、出口商品等情况。但葡萄牙人费尽周章最终也未能一睹天颜，在当时的大明王朝眼里，小小的夷邦没有多少利用的价值。一气之下，葡萄牙勾结了中国东南沿海一带的海盗，绑架、抢劫、贩卖人口，面对他们的海盗行径，广东的军民奋起还击，两次打退了这些强盗，才使那一地区安宁了下来。

人物小传

恩里克王子

恩里克王子（1394—1460）的全名是唐·阿方索·恩里克，亦称亨利王子。恩里克王子是葡萄牙国王若奥一世的第三个儿子，他的母亲是英国人。恩里克以雄才大略，开拓进取著称，是葡萄牙崛起过程中的关键性人物，葡萄牙历史上最有远见，富有战略眼光的领袖，同时，也是地理大发现时代的关键人物，被称为“大航海时代的第一位英雄”。因设立航海学校、奖励航海事业而被称为“航海者”。他对人类的贡献远远超过一位航海家的丰功伟绩。同时，他又是一个虔诚的基督徒，在他看来，对摩尔人进攻，到未知的地域探索并把基督教带到那里是一个基督徒的职责。

恩里克王子终身未娶，他性格严谨而坚定，生活简朴。葡萄牙人对恩里克的爱戴与崇拜达到极高的程度，以至把他的形象神圣化了。传说，他是一个纯粹而又严肃的修道式人物，把一切个人情感和欲望置之度外，从不为琐碎之事占用宝贵时光，耽误航海事业。

1460年恩里克因病在他的航海基地萨格里什谢世，终年66岁。为了表示对他的永久敬慕，葡萄牙人民为他建立了纪念碑，设立了“唐·阿方索·恩里克王子勋章”，表彰对葡萄牙做出贡献的本国和外国文化人士。恩里克王子的名字永远同葡萄牙的航海事业和航海大发现联系在一起。

当盗不劫自家人，死刑变无罪

在海盗史上，还有许多女海盗为本来昏暗和充满杀戮的海盗史平添了一道靓丽的风景线，而在她们当中最有名的是有着西班牙海盗女王之称的唐·埃斯坦巴·卡特琳娜。

卡特琳娜是当时巴塞罗那船王的千金，家世显赫。与那些来自社会底层有一身无赖习气的英国海盗不同，她从小就受到了正统的贵族教育，她的父亲对她抱有很大希望，因而对她的要求很严格。但卡特琳娜生来就是个活泼好动的女孩，是个喜武厌文的小姑娘，还是很小的时候，她就和敬爱的哥哥一起骑马、划船。在哥哥的培养下，卡特琳娜从小练就了一身高强的武艺。后来，在18岁的时候她那被气得半死的父亲把她送进了修道院，希望她能在那里有所收敛，但卡特琳娜生来就是个向往自由的女孩，她实在是无法忍受这种半囚禁式的生活，她狠了狠心，毅然决然地剪去了红色的长发，逃出了修道院脱离了专制的家庭，女扮男装开始了流浪生涯。为了活下去，她干过各种职业，在酒吧里当伙计，在邮局当邮差，参加过盗贼团，也干过水手。一年后在秘鲁她报名参加了陆军，并且成功地隐瞒了自己的身份。后来在一次暴乱中，她错手杀死自己的哥哥，悲痛欲绝的卡特琳娜深深地陷入自责和悔恨之中，她连夜逃离了驻地，万般无奈之下加入了海盗团伙。

性格豪爽的卡特琳娜很快和海盗们打成了一片，海盗们敬佩她高超的航海技术和娴熟的武艺，而她也喜爱海盗们的诚恳与直率。在一次海战中船长战死，卡特琳娜被推选当上了新船长，此时她才恢复女儿身。这位海

盗女王拥有10艘楼船和上千名手下，打遍了南大西洋，抢劫了大批的船队，而那些企图和她争抢地盘的英国海盗也都在她的剑下变成了冤魂。但海盗女王有自己的准则：她从来不袭击西班牙船只，还经常救助那些落难的西班牙商船。

最后在西班牙和英国的联合围剿下，卡特琳娜的队伍被西班牙舰队击溃，她被带回马德里受审，一审被判处死刑，但国民一致认为她无罪。

这件事引起了国王菲利普三世的关注，在他的干预下法院重新审理了案件，最终将卡特琳娜无罪释放了。国王还亲自召见了这位“西班牙英雄”，并且赏赐给她大笔金钱和封地，卡特琳娜就一直住在那里，终生未嫁。

独一无二的海盗女皇：卡特琳娜　　4-3

茫茫大海上，一位勇敢美丽的西班牙少女，面对命运的捉弄，凭借着坚强的意志为我们带来了海盗女王的传奇，像一团烈火一样将整个南大西洋烧得红彤彤的，这就是卡特琳娜的传奇海盗人生。

哥伦布与海盗的不解之缘

哥伦布生于意大利热那亚，他在青年时代没有受到过多少正规教育。虽然他的父亲是一个著名的纺织匠，但哥伦布对航海和来往于地中海之上的商船发生了浓厚的兴趣。在25岁以前，他已经在地中海的帆船上工作了10年，既做过普通水手，也客串过普通士兵和海盗。对于他的这一段海盗经历，历史上讳莫如深，在他的履历表上只有“1472—1476年，参与海盗活动”几个简单的字眼。

哥伦布十分崇拜曾在热那亚坐过监狱的马可·波罗，他读过《马可·波罗游记》，十分向往印度和中国。当时科学已证实地球是球状体，因此原则上环绕地球航行是可能的。这一思想为热那亚人克里斯托弗·哥伦布所接受。他先向葡萄牙国王若奥二世，后向西班牙国王和王后提出自己的计划：乘船向西航行，开辟通往印度的道路，继而再开辟通往马可·波罗所描写的中国的道路。这个热那亚人经过讨价还价，与西班牙国王签署了协定。哥伦布第一次远航乘坐“圣玛丽亚”号、“尼雅”号和“品脱”号3艘船只，于1492年8月3日从帕洛斯角出发，至1492年10月12日在巴哈马群岛的一个岛屿上登陆为止。哥伦布同这些土著居民做了交易，以铜铃、红帽子、玻璃珠之类的小物品换得了黄金制成的小饰物、棉纱和鹦鹉等。

哥伦布画像　　4-4

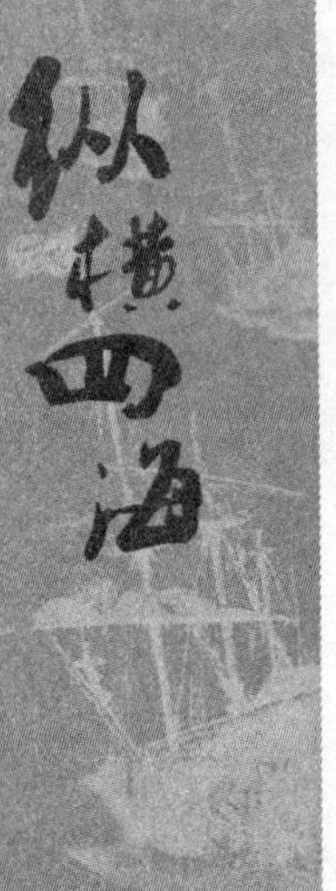

回到西班牙，哥伦布和他的船队受到西班牙英雄般的欢迎和礼遇。巴塞罗那和塞维利亚甚至举行盛大的游行，人们在大街上看着这些航海家展示稀奇古怪的玩意儿：斑斓的鹦鹉，奇形怪状的水果，可以抽的烟叶，少量的黄金。

1493 年 9 月 25 日，哥伦布出发进行第二次远航。航行是在有利的气候条件下进行的。仅仅在 10 月下半月才下过一次不太大的暴雨。11 月 3 日响起了呼喊声："陆地!"船只到达今日称为小安的列斯群岛的几个小岛。哥伦布去了第一次航行时发现的岛屿，又发现了大量新岛，也找到了黄金。但是，要先搞到黄金，才能把它运往西班牙。为了赢得时间，哥伦布先把部分船只装满黄金，让其返航西班牙，并答应国王和王后很快运回与比斯开湾沿岸铁矿铁储量相等的黄金。返航的船只上运载的还有"活商品"——印第安人。

哥伦布遭到了当地居民的有力反抗。印第安人再也不相信白种人了，他们已经有了痛苦的教训，因而反抗剥削和奴役。但是，土著人抵御不住拥有大炮、武装精良的西班牙人，成千上万的印第安人遭到杀戮。1495 年，哥伦布完全通过枪炮才在海地岛上建立了西班牙的第一块殖民地，他的弟弟也参与其中，成为西班牙海盗先遣队的帮凶。

此后他又三次重复他的向西航行，又登上了美洲的许多海岸。1506 年 5 月 20 日，哥伦布与世长辞。直到死前，他还一直误以为自己到过的地方就是亚洲。后来另一位探险家、意大利人亚美利哥证实了哥伦布所到过的地方不是亚洲，而是一块新大陆。这块大陆也因此以亚美利哥的名字而命名，称为亚美利加洲，简称美洲。

人物小传

亚美利哥

亚美利哥 1454 年 3 月出生于佛罗伦萨，1512 年 2 月 22 日卒于西班牙塞维利亚，是著名的航海探险家。他

原是意大利佛罗伦萨的商人和银行家，长期任梅迪奇银行小职员和该商行在塞维利亚的代理人。移居西班牙后，他遇到了克里斯托弗·哥伦布，开始对探险产生了兴趣。

哥伦布的远航震撼了世界；人们都以为这次航行到达了亚洲，但却没有看到亚洲的财富和文明。1497 年至 1504 年间，亚美利哥为了弄清这个问题，参加了去大西洋西岸的航行。1499 年，亚美利哥随同葡萄牙人奥赫达率领的船队从海上驶往印度，他们沿着哥伦布所走过的航路向前航行，克服重重困难终于到达美洲大陆。

1507 年，他的《海上旅行故事集》一书问世，这本书在欧洲引起很大轰动。他引人入胜地叙述了"发现"新大陆的经过，他断定这个地方并不是印度，而是新的"大陆"。后人便用他的名字给新大陆命名——亚美利哥洲，以表彰他对人类认识世界所做的杰出贡献。后来，依照其他大洲的名称构词形式，"亚美利哥"又改成"亚美利加"。从而在历史学和地理学上出现了亚美利加洲这个名称。

后来，他回到西班牙，并加入西班牙国籍。1508 年被任命为"大引航员"，负责引航员和船长的考试发证工作和组织新的探险等，直到去世。

西班牙无敌舰队的覆没

新航路开辟后，摆在西方面前的事实是，谁控制了海洋，谁就控制了殖民地的贸易，而谁控制了殖民地的贸易，谁就控制了世界的财富和商业霸权。从此，西方列强争夺海洋和殖民地霸权的斗争也就开始了，于是静悄悄的海洋变成了硝烟弥漫的战场，商业战争遍布全球。

自从哥伦布远涉重洋发现美洲新大陆后，西班牙殖民主义者纷纷涌到

那里掠夺金银财宝，致使西班牙很快成为欧洲最富有的海上帝国。从15世纪开始到16世纪上半叶，西班牙海盗几乎征服了整个中美洲和南美洲。在16世纪大部分时间内，葡萄牙和西班牙是握有海洋和殖民地霸权的国家。葡萄牙称霸东半球，西班牙横行于西半球。1531年，西班牙殖民者皮萨罗率领着一部分西班牙军队进军南美。1533年，皮萨罗占领首府库斯科，1535年，他基本上征服秘鲁全境。到16世纪中叶，西班牙征服了美洲（除巴西外）的广大地区，成为世界近代史上第一个规模空前的殖民帝国。

为了保障其海上交通线和其在海外的利益，西班牙建立了一支拥有100多艘战舰、3000余门大炮、数以万计士兵的强大海上舰队，鼎盛时期舰队有千余艘舰船。这支舰队横行于地中海和大西洋，骄傲地自称为“无敌舰队”。“无敌舰队”是西班牙的骄傲，也是西班牙强大的海上实力的象征，一直威风凛凛地称霸于海洋。

但英法等国并不服气。英国的海盗船猖狂地活动于大洋上，肆意拦劫

1588年，“无敌舰队”开往英吉利海峡　4－5

从美洲开来的西班牙满载金银的船只。英国还公开支持尼德兰反抗西班牙的斗争，这一切都使西班牙气急败坏。西班牙决定派“无敌舰队”入侵英国，给英国点厉害看看。

1588 年 7 月，西班牙“无敌舰队”开往英吉利海峡。共有 130 艘大小舰船，其中实际能作战的船只大约 60 多艘，共装备火炮 2431 门，出动的全部人员约为 6 万多人，气势非常壮观。不幸的是，“无敌舰队”出发不久，就在大西洋上遭遇风暴。狂风恶浪使帆船失去控制，水手们被晃得晕头转向。这样，舰队只好返港避风。待到 7 月，舰队又踏着大西洋的滔滔海浪，一路浩浩荡荡地驶进英吉利海峡。

英国得到“无敌舰队”要进攻的消息后，从全国各大城市征调了商人和海盗的私有船只，凑集起一支拥有 200 艘军舰和运输船的舰队，并对船的结构和火炮装置进行了改造，大大提高了这些船只的作战能力。

7 月 22 日清晨，战争爆发。英国不采取“硬碰硬”的打法，而是避免与“无敌舰队”进行大规模的和正面的海战，从侧翼或从背面截击它的单船或小分队，以消灭敌人有生力量。英国舰队利用顺风冲散敌舰队，还使用火攻技术，将一艘旧商船改装成放火船，冲向敌舰队，顿时大火熊熊。经过一星期的激烈战斗，“无敌舰队”遭到惨败。西班牙总计损失了 63 艘船，死伤 1400 余人；而英国人连一条船也没有损失，只是阵亡了一名舰长和 20 余名水手。

8 月，英西两军在加莱东北海上进行了二次会战。激烈的炮战持续了一整天，“无敌舰队”被打得七零八落，两个分舰队的旗舰中弹、撞伤，一个分舰队司令被俘。西班牙全线退却，英国舰队紧追不舍，8 月 8 日双方再次激战，这一战，“无敌舰队”被击沉 16 艘军舰，受损的舰队抵达苏格兰西北岸的拉斯角时，遭遇猛烈的大西洋风暴掀起的巨浪。许多战舰撞上了岩石，另一些战舰进水下沉，数千人淹死，许多好容易登上爱尔兰海岸的幸存者也被杀死或饿死。到 1588 年 9 月，“无敌舰队”仅剩 43 艘残破船只返回西班牙，近乎全军覆没。

无敌舰队“无敌”的神话被打破了，就这样，一个随着海上霸权的建立而膨胀起来的殖民帝国，又随着海上霸权的丧失而萎缩了。西班牙的海上霸权成为历史，西班牙由此而衰。

荷兰海盗迅速崛起

16世纪后，海洋以它的博大和深远奇迹般地为人类呼唤出滚滚的财富，使任何意欲富强的国家都不能不无视这条生财之道。在连接西欧与美洲领地的航道上，西班牙的运金船常常遭到海盗的袭击和抢劫。为此西班牙自1530年起，决定派遣海军舰队为商船队护航。尽管这样，西班牙运金船队还是常常出事，因为各条船只的状况和性能并不是都很好，由于天气和事故等原因常常会有个别的船只离开了船队，处在舰队火力保护之外。不甘落后的其他国家纷纷效仿，政府军队和海盗彼此不分，越来越多的海盗以国家的名义在海上抢劫，并夺取属于本国的地盘，因此，许多西班牙商船成了海盗们的牺牲品。

17世纪，当与伊丽莎白的战争结束之后，荷兰海盗也出来凑凑热闹。千万不要小看这个从沼泽地上冒出来的国家，它的崛起让整个世界惊奇。17世纪公认是“荷兰的世纪”，而17世纪的加勒比也是“荷兰海盗的加勒比”。

荷兰位于西欧的中部，隔北海与英国相望，历史上曾臣属于罗马帝国，后为西班牙的附属国，它与今天的荷兰、比利时和法国东北地区联姻，统称为尼德兰。尼德兰北方各省中，以荷兰最先进，荷兰人有荷兰人的生存方式。他们没有广袤的沃土，便以1200公里的海岸线为本钱，转而开发无垠的海洋；他们没有自给自足的农业，便以商业为弥补。

当时欧洲与遥远的海外殖民地的联系，主要依靠海上运输。船只犹如陆上运输的马车，谁拥有海上的马车，谁便掌握了海上贸易和称霸海洋的主动权。荷兰十分重视发展造船业，在17世纪末18世纪初，荷兰可同时建造几百艘船。仅在阿姆斯特丹一处就有几十家造船厂。荷兰拼命压低工人的工资，以降低造船成本，提高它的竞争能力。荷兰的船只造价比英国低1/3到1/2，比其他国家则低许多倍。因此，许多欧洲国家的商船，包括英国的一些商船，都在荷兰订造。荷兰由于造船业发达，加之熟悉航海事业，当“无敌舰队”的威风在海上消失的时候，荷兰的商船队乘虚而上，开始占据海洋。到了17世纪中期，发达的造船业已使荷兰成了当时最大的海洋运输国家，被人称为“海上马车夫”。

从1620年起，在后来的几十年里，荷兰海盗开始他们的猖狂活动期。荷兰在制造业、航海业和金融业方面同西班牙保持了广泛的贸易联系。但是因为信仰的问题，荷兰新教徒和保守的西班牙之间同样面临着战争。在非洲、亚洲和加勒比地区，荷兰人很快找到新的伙伴替代了西班牙。

雄厚的海上力量，保证了荷兰海外贸易的优势。17世纪中叶，成千上万的荷兰商船航行在世界海洋上，他们经营外国商品，充当各地贸易的中介人和承担商品的转运业务。精明的荷兰人买了又卖，输入又输出。当时欧洲南方和北方国家之间的贸易，欧洲与东方之间的贸易几乎全部掌握在荷兰人的手中。1609年，荷兰以其雄厚的资本创办了世界上第一个资本主义性质的银行——阿姆斯特丹银行。这家银行是世界性金融信贷业务的中心。荷兰和欧洲各君主国的信贷都通过这家银行进行，许多外国政府都是该行的债户。这更使荷兰有了影响国际政治的能力。

海上优势和商业霸权，使荷兰在17世纪很快地就从西班牙、葡萄牙手中抢占了大量的殖民地。荷兰殖民的重点在东方。当英国和西班牙在为争夺大西洋地区的霸权杀得难解难分之际，荷兰人的舰队开进了印度洋，并以惊人的速度建立起了自己的殖民统治。到了17世纪中期，荷兰人在东南亚已控制了包括爪哇、苏门答腊、摩鹿加群岛、锡兰岛等地在内的庞大富庶地区，并把势力伸进了印度、日本，还霸占了中国领土台湾。与此同时，

荷兰人还向美洲和非洲广大地区扩张。在北美，荷兰人在各国领地间建立了自己的殖民地——新阿姆斯特丹。在非洲西海岸，荷兰人建立了一系列要塞，并于1648年在南非海岸建立了海角殖民地。荷兰殖民者对殖民地的掠夺是极端残酷的。以对印度尼西亚为例，荷兰东印度公司把土著居民变为奴隶，有些还转卖到欧洲。东印度公司掠夺当地的资源，其利润往往数倍于股金。对于敢于自由出售产品的农民，公司的制裁手段是极其严酷的。

荷兰最有名的海盗头子是彼得松·霍因（1577—1629），通常被称为皮特·霍因。1628年，他被委任为荷兰西印度公司的舰队指挥官，该公司是荷兰专门用来在美洲进行殖民扩张的组织，主要的目标就是抢劫西班牙

英荷时期的战舰 4-6

从美洲驶往欧洲的船只。在霍因的指挥下，公司组建了一支庞大的舰队，共拥有31艘舰船和3000名水兵，但因为其人员航海经验少和军事素质差，所以整个舰队的战斗能力却并不高。

1628年9月，霍因竟然抢劫了一支庞大的西班牙运金船队，该船队由4艘大军舰和11艘较小的商船组成，而且每一艘军舰的火力都超过了荷兰

舰队火力的总和。霍因采用的战术是“事先隐蔽，突然袭击”。霍因将自己的舰队隐蔽在古巴岛哈瓦那以东的马坦萨斯附近。这里是西班牙运金船队在哈瓦那的必经之地，为此，西班牙人在此建造了安的列斯群岛上最大的城堡。城堡为五角形，并在城堡中布置有防守严密的岸防部队，可守可攻。在西班牙人看来，这样的城堡简直固若金汤，绝无安全之虞。而霍因则恰恰利用西班牙人的麻痹大意，采取突然袭击的战术，把西班牙人打得晕头转向，连大炮的炮弹都没来得及点燃便束手就擒。被劫走的金银和香料足足装满九艘大船，西班牙的殖民者为此很长一段时间发不出工资。

据统计，在西班牙国王查理五世时，2421 艘船只从西班牙开往非洲，结果只有 1748 艘返回国内，其中约有 673 艘被海盗抢走。而从 1623 年到 1636 年的 13 年间，荷兰海盗就抢走了 550 艘西班牙船只，掳掠了价值 4000 万荷兰盾的财富。

历史事件特写：摩根船长占领巴拿马城

西班牙人从新大陆攫取了大量金银财宝，其中很大一部分是通过巴拿马运回国内的，由此巴拿马成为当时最富有的城市之一，也同时成为海盗的袭击目标。

1670 年，得到英国政府支持的海盗王亨利·摩根率领 2000 名海盗，袭击了巴拿马城。巴拿马城很大，防守严密，很多有经验的海盗都认为要攻破它是不可能的。摩根使用独木舟，夜间悄悄潜入港口，突破了前两道防线，然后被第三道强有力的防线挡住了。他想出了一个险恶的主意，用被俘虏的牧师和修女作为军队的挡箭牌，趁笃信天主教的敌人慌乱之际，拿下了这座重镇。亨利·摩根名声大噪，被称作“残暴者”。

但是摩根并没有在城中收获大量财富，因为在攻击之前，财宝已经被运走了。

酷睿点评

“加勒比”（Carib）一词，在印第安语中意为“壮士”。如今的加勒比海，那旖旎的热带风光每年吸引着世界各地的无数游客。但17世纪的加勒比海，却是海盗们向往的天堂。在这些美丽的岛屿和海滩后面，都掩藏着一段流亡者与海盗的冒险历史。这片海域曾是历史上海盗船队最大的集中地。

从托尔图加到罗亚尔港，多少繁华，多少沦落，海盗们驰骋在陆地和海洋之间，也往返于天堂和地狱之间，满载金银财宝的商船里埋藏的是一段段惊心动魄的传奇故事，等待着人们的发掘。

海上乌托邦的梦想——英法海盗

乌托邦，是人类思想意识中最美好的社会，在那里人人平等，没有压迫，就像世外桃源。英国海盗米松梦想建立这样一个自由的国度，但是在经历了短暂的辉煌之后，连同海盗梦想一起在人类历史的长河中销声匿迹了。然而，英法海盗们的浪漫，他们的宝藏，他们的传奇生涯，他们的冒险经历留给我们无尽的遐想。

英国海盗米松梦想建立一个自由的国度，但是在经历了短暂的辉煌之后，连同海盗梦想一起在人类历史的长河中销声匿迹了。

米松的“自由”国梦想

海盗史上有很多很多生动有趣的故事。“成功的绅士们”真的是在各方面都享有盛名的。但是，令人最为惊奇的大概还是米松和他的老师建立的海盗的自由之国（又名利别尔塔利亚）。

米松是一个文化修养颇高的法兰西人。他在法国革命前一个世纪当了海盗，但他的行动却以自由、平等、博爱的简单概念为指针。米松曾是法国海军的一名军官，在“胜利”号军舰上供职。在此之前，他已读完了普罗旺斯一所古典中学和昂热市的军事学院的全部课程。

一次，该舰在那波利停泊，年轻的米松获准去了罗马。他在那里结识了多米尼克派僧侣卡拉奇奥利。此人后来成了一位无神论者，反对私有制，宣扬人权。米松完全被自己这位新朋友的思想吸引住了，而后者也很眷恋这个年轻的新教徒，因此决定不再与他分开了。

说到就做到。卡拉奇奥利毫不犹豫地离开了修道院，也到法国军舰上服役。在西印度水域长期航行过程中，这一对朋友详尽地讨论了各自的自由思想，并以自己的观点感染了部分海员。

有一天，“胜利”号在马提尼克岛的海岸边遇到了一艘英国的私掠船。虽说长达数小时的战斗是以法国人的胜利而告终的，但是他们也损失惨重。“胜利”号船员中幸存下来的约有 80 个人，其中一个军官也没有。这样一来，船就处在米松、卡拉奇奥利和他们的同谋者的掌握之中了。两位朋友以为，时机已到，可以实现他们早已酝酿成熟的计划了。

■1562 年 6 月，豪金斯率领一支船队出海，成为英国历史上最早进行贩卖奴隶勾当的海盗头子。

□1562 年 3 月 1 日，法国瓦西小镇胡格诺教徒遭屠杀，法国“宗教战争”（胡格诺战争）爆发，历时 32 年。

米松和卡拉奇奥利在战斗中表现得十分勇敢，这时他们对船员发表了热情洋溢的讲话。卡拉奇奥利建议选米松为新舰长，并在他的领导下建立一个在船上游动的共和国。船员们兴高采烈地接受了这一建议；不同意这一决定的人，可以在最近一个港口上岸。他们开始先选舰旗。有的船员建议升起黑旗，但米松说他们不是海盗，他们的目的是为其他人争得上帝和大自然赋予的自由。最后选定白旗，并用金线织出拉丁字：为了上帝和自由。

他们对抢劫规矩作了一个非常重要的修正——只拿一半食品和储备品，并且根本就不碰船上的货物，这使被抓住的船只上的船员们感到十分惊讶。他们截获第一艘船时，仅拿了些糖酒，其他物品和船员的私人用品未拿一丝一毫。由于这些古怪的海盗给受到攻击的船只的船长和船员还留下了部分糖酒，因此分手时这些人还对海盗高呼："万岁！"

后来，他们又截获一艘荷兰船，上面装有黑奴和金沙。米松发表演说，谴责非人的奴隶制，并命令释放黑人。这些奴隶穿起了战死者的衣服，被吸收为正式船员。"胜利"号在大西洋航行期间，不放过任何一个机会同军舰作战，虽是同兵力占优势的敌人作战，但由于船员勇敢、不怕死，每次均取得胜利。不过，米松和他的船员很快就习惯于以劫掠为生了。米松提出各种口号："铲除暴力"、"消灭奴役和贫困"、"给人民以权利和自由"，如此等等。米松及其同伴所干的不是一般的海盗行为。他们反对个人发财，只想保证自己能活下去。因此，从别人船上仅仅掠取自己船上的人最需要的东西。

1690年，他们在昂儒昂岛（科摩罗群岛）上登陆。当时昂儒昂岛正与邻岛莫埃利岛交战。米松支持昂儒昂岛的女执政者。他率"胜利"号船员打了几个胜仗，迫使莫埃利岛王停战。此后，米松娶昂儒昂岛女王之妹为妻，卡拉奇奥利娶她的侄女为妻，很多水手也娶了当地女人。

但米松和卡拉奇奥利并不满足于从昂儒昂岛上的基地出发，去进行海盗活动，他们有更大的抱负。他们继续朝马达加斯加驶去。命运在他们的

■1569年，德雷克第二次探险航行，到达中美洲。
□1569年，荷兰墨卡托发明投影法，制作较为精密的世界地图。

旅途上设下了越来越多的新障碍。他们在离目的地已经不太远的莫桑比克海峡中遇到了一艘配备有60门火炮的葡萄牙战船。印度洋当时是葡萄牙的世袭领海，因此双方就打了起来。法国人又获胜了，但是付出了很高的代价——死了30个水手，卡拉奇奥利失去了一条腿。

最后，他们终于到达了目的地。在该岛北端，也就是今日的港口城市迪耶果—苏瓦雷斯一带，建立了自己的共和国，称为“利别尔塔利亚”。他们制定了追求社会乌托邦目的的宪法。米松被选为任期三年的总统，卡拉奇奥利被选为国务卿。后来，海盗季尤船长登上该岛，加入共和国，被选为舰队司令。

三巨头联盟决定要做的第一件事就是制定法典——即宪法，并让它得到正式确认。因此，每十个社团成员中要选出一名代表，再由这些代表组成利别尔塔利亚国的议会。按照该宪法，利别尔塔利亚国的全体居民不分肤色、不论过去的功过是非，全都自称是享有同等权利的人。私有财产被废除，取而代之的是创建公库，满足共和国的全体公民需求的经费都是从公库中提取的。他们协力建筑住房，修建政府大厦，建造船坞，修筑堡垒工事。他们禁止把一家与一家之间隔开。食品以实物分配，钱只有公库里才有。米松还发信给各个海洋上的海盗，号召他们加入到共和国人这一边来，并共同建设新生活。

等到建国应办的事全都退居二线时，米松就开始拓宽共和国的国界，并与住在岛上其他部位的海盗及当地的土著们建立联系。向土著们作出的承诺是提供援助并使他们免遭外族的进攻，而对海盗的许诺是从“胜利”号派了一位使者——季尤到他们那儿去。米松则出海去自由狩猎。这样一来，利别尔塔利亚国里就只剩下卡拉奇奥利一个头领了。

就在此时，住在马达加斯加岛内地的一个部族趁米松离村之际，向村庄发动了进攻。独腿卡拉奇奥利率领居民进行防御，但是兵力相差太悬殊。卡拉奇奥利在战斗中阵亡了，利别尔塔利亚国的全体居民几乎也全都与他一起战死。

■1577年11月15日，德雷克得到枢密院的默许，率领5艘船只，开始做周游世界的第三次航行。

□1577年，英国女王伊丽莎白与尼德兰结盟。

今日的动物天堂马达加斯加　　5－1

而在季尤与海盗进行谈判时，刮起了强烈的暴风。停泊在外停泊场上的“胜利”号的锚被刮断了，船被烈风抛到了沿岸的礁石上。这艘忠诚地为米松及其战友们效劳过很长一段时间的船连同它的船员们一起牺牲了。幸存下来的只有季尤及几个随从他在岛上四处奔波的人。

此时，米松很想回到自己的家乡——法国去，于是他带着一队由 15 人组成的船员，驾着一艘新造好的三桅战船，启程向好望角驶去了。但他们遇到了大风暴，米松和其他船员均沉没海底。

季尤也在大洋上找到了自己的归宿。在大西洋呆了一段不长的时间后，他回到了印度洋上，并在红海上与大莫卧儿国的一艘战船的接舷战中阵亡了。

幸好，在启程前，在与季尤告别时，米松把自己在这些年里所记录下来的与利别尔塔利亚国有关的一切事件的手稿转交给了季尤手下的一个法国籍的人。从这部手稿中，后人得知了这个自由的海盗国的存在。

■1579 年 2 月 13 日，“金鹿”号到达西班牙在南美大陆的统治中心——秘鲁首都利马。
□1578 年，葡萄牙国王塞巴斯蒂安远征摩洛哥，失败阵亡。

女人不是弱者——世界上第一个女海盗贝利维夫人

女海盗贝利维夫人本是法国的贵族，她从小就爱刀枪，崇拜威风凛凛、风度翩翩的骑士。她经常全身披挂，手持刀枪同男子在海边比试高低，或者在海船上纵跳飞跃，持刃格斗。这位外表十分文静的少女经过英吉利海峡风浪的洗礼，练就出刚毅的性格，遇事果断，临危不惧。

1335 年，贝利维嫁给了法国贵族青年贝利维·德·克利松。这次出嫁是成功的，贝利维生下了两个儿子。但就在贝利维出嫁的前一年，英法历史上赫赫有名的百年战争的硝烟已在法国领土上空升腾弥漫，随之而来的是法国国内也出现了纷争，贝利维的丈夫也被卷进去了。1349 年，贝利维的丈夫落入法王菲利普六世（1328—1350）之手，并被判死刑。

失去丈夫让贝利维夫人感到非常绝望，但是这种绝望情绪很快就被一心想要报仇的强烈念头所取代了。她心里充满了这种新的情感，并把儿子们召到自己的跟前，叫他们立下了要为父亲报仇的誓言。

但是，在法国，她每走一步路都会受到国王手下人的监视，所以不冒着像丈夫一样走上断头台的风险就不可能有任何作为。选中一个恰当的时机后，她带着儿子们搭乘一条走私船渡海到了英国。那里有志同道合的人，贝利维夫人住在他们那儿，并开始每天造访圣詹姆斯宫，以便得到爱德华三世的召见。

她终于被人重视，并被带去见国王了，她向英王爱德华三世（1327—1377 年在位）申请到 3 艘战舰，开始了在英吉利海峡的海盗活动。复仇的怒火在她的血液中燃烧，使她变成了令整个英吉利海峡闻名色变的“凶残母狮”。她手执利斧，用无数法国人的生命来祭奠丈夫的亡灵。

她向法国商船队发起突然袭击，连法国国王的舰队也不放过，打劫的

■1580 年 9 月 26 日德雷克返抵普利茅斯，成为第一个环球航行的英国船长。

□1581 年，张居正着手进行赋役改革，在全国推行“一条鞭法”，但他于次年去世。

货物连同船只全部拖到英国的海港。贝利维夫人的海盗舰队战必胜，攻必克，给法国的商业活动带来了无法估算的巨大损失。法国国王和法国商人每次谈论到英吉利海峡中出现的这位女海盗都战战兢兢，称贝利维夫人是英吉利海峡的“凶残母狮”，她的形象简直成了死神的代名词。

法国一连多年也无法制服这头复仇心切的母狮。法国国会在各方的强烈要求下通过了一项决议，把贝利维永远驱逐出国，并没收她在法国的全部财产。菲利普六世对贝利维更是耿耿于怀，他咬牙切齿地宣布，一定要把贝利维活捉回国受审；抓不到活的，死的也行。

巡逻船被派到了四面八方，法国舰队像梳头般地逐一搜查了周围的水域。海盗们几次在海上被发现，并受到了追击，都逃脱了追捕。但是有一天，政府的战船终于遭遇了海盗船队。贝利维处于包围之中，没有逃脱的机会，因此在作出尽量要死得有尊严的决定后，海盗们开始作最后一搏了。

天色渐渐暗了下来，夜幕悄悄降临了，激烈的战斗使得交战的双方都极度疲劳。贝利维的小儿子在战斗中不幸身负重伤，忧心忡忡的母亲指挥海盗们作最后一次反击，然后乘着夜色突围出去。她带领几名水手和负伤的儿子，登上了一叶小舟，神不知鬼不觉地退离了刀光剑影的海上战场，向英伦三岛划去。

仓促间逃跑的海盗们忘记带水和食物，只得一连几昼夜地忍受着寒冷和饥渴的折磨。船上人的力气开始慢慢地消退下去了，接着死亡就开始降临。第一个死去的是贝利维的小儿子。不久，水手们接连死去。而救生艇却继续在随波逐流地漂浮，得救的希望也已荡然无存了。

然而，幸运之神还是眷顾了贝利维。过了许久，这些绝望的人终于看到了陆地。这是法国，是布列塔尼，住在这儿的是让·德·蒙福尔的崇拜者，贝利维的丈夫贝利维·德·克里松当初就是为支持德·蒙福尔而付出自己的性命的。德·蒙福尔的人救了女海盗及其还活着的旅伴们，给了他们栖身之地，并让他们躲过了当局的追捕。后来，这位威震英吉利海峡的女海盗嫁给了贵族高吉·德·别恩特里，英吉利海峡中凶残的

■1588 年，英西海战爆发。
□1587 年，中国名臣海瑞卒，终年 73 岁。海瑞曾严惩贪官污吏，平反冤狱，其著作后人辑为《海瑞集》。

母狮又变成了贵妇人。但那些曾经发生过的故事，却依然流传在英吉利海峡。

加勒比海上的末路狂花：安娜·邦尼和玛丽·里德

尽管在谈到海盗的时候，人们很难区分哪些是事实，哪些是传说，但无可争辩的是历史上确实出现过女海盗。在海盗史上，还有两个女人以其少见的勇敢闻名遐迩。命运使她们来到了同一条海盗船上，她们是安娜邦尼和玛丽·里德。18 世纪初在牙买加岛上，这两名女海盗无疑是海盗中的佼佼者。

安娜·邦尼 1690 年生于爱尔兰的科克城附近。她是一个名律师的私生女。据记载，她 17 世纪末出生在英国伦敦，从小女扮男装，一直想当水手、当兵。在新普罗维登斯岛，安娜认识了一个叫杰克·雷卡姆的海盗船长，于是抛弃她原来的丈夫詹姆斯·波尼，跟雷卡姆一起做了海盗。雷卡姆说服了安娜女扮男装，和他一起到西印度水域航行。

安娜第一次航行就对海盗生活产生了浓烈的兴趣。在海盗船上，她打扮得像个男人，并且很快出了名，因为她和船上的其他海盗一样冷酷无情。他们在北美沿岸航行，到过百慕大群岛，最后又来到新普罗维登斯岛。

很快，他们的积蓄用完了，于是不得不受雇去一艘捕敌私船上工作。这艘船是罗杰尔斯总督用以对付西班牙船只的。船还未出海，雷卡姆就组织了暴乱，夺得了该船的指挥权。他给这艘船起了一个新名——“巨龙”号，指挥它追击海盗，成效颇大。

“巨龙”号上还有一个扮做男人的女子，她就是玛丽·里德。玛丽·里德于 1677 年生于英国。她的母亲是一个海员的妻子，后来丈夫失踪，留下孤儿寡母。儿子仅一岁，母亲又即将生产，处境极为艰难，于是到乡下

■1596 年 1 月 23 日，德雷克因传染病死在自己的船上。

□1596 年，明神宗派宦官分赴山东、河南、山西、浙江、陕西等地开矿，称矿监，又命宦官往通州、天津等地征税，称税使，矿监税使到处勒索民财。

一位女友家暂住。儿子夭亡，母亲就把生下的女儿玛丽当作儿子教育。4年后母亲返回伦敦，她把女儿继续冒充儿子。在家务劳动中，甚至在英国的军舰上服役时，玛丽都被当作一个男人。后来，她爱上了一个士兵并嫁给了他。丈夫死后，她又恢复了她的“男性”角色，在一艘加勒比海地区的船上做了一段时间水手。此人女扮男装长期与西班牙人作战，据说在杀死对手之前常常会裸胸相向，以此向其证明他们是被一名妇人所杀。在“巨龙”号上，她们相遇了，两个女人很快成了挚友。她们和并肩作战的男子汉们一样勇敢威猛。

雷卡姆多次得手，后又截获一艘西班牙大军舰，达到了他海盗活动的顶峰。为庆祝最后这一仗的胜利，海盗们狂欢暴饮整整一天，结果被一艘英国军舰打了个措手不及。雷卡姆和船员们个个烂醉如泥，没有反抗就落入了英国人之手。但是，安娜和玛丽反抗到最后一刻。受到英军攻击时，虽然其他男海盗都躲在船舱内，但两人仍背对背勇敢奋战。最终她们还是被擒拿，并带到太子港接受审讯。

两个星期之后，也就是1720年11月16日，雷卡姆和几乎所有船员被判死刑。当时的审判记录下了女海盗的家庭背景，这引起了整个欧洲和美洲的轰动。

她们的命运较之男海盗们要好很多。安娜和玛丽宣称她们都已怀孕，避免了立即被绞死的处境。不过玛丽·里德很快染了重病，死于狱中，没有来得及做母亲。安娜1721年时已不在狱中。很可能是她生了孩子，父亲保她出了狱，总之安娜神秘地失踪了，人们再也没有听到她的消息。

人物小传

杰克·雷卡姆

杰克·雷卡姆是18世纪早期的海盗船长。他总是身穿彩色的印花布衣裳，因此人们叫他卡里克。雷卡姆原是英国海军韦恩船长麾下“海神”号上的军需官，在后

■1651年，英国国会颁布了《航海条例》。
□1651年1月1日，查理二世在苏格兰北部加冕为英国国王，企图复辟。

来的一次战斗中，由于船长拒绝同一艘法国军舰开战，激怒了船员，他们发动水兵哗变，推举雷卡姆为船长。不久以后，雷卡姆又决定请求国王的宽恕，于是他把船停靠在了新普罗维登斯岸边。在那儿，他遇见了安娜·邦尼并与她坠入了爱河。

之后，杰克·雷卡姆带着他的船员开始了掠夺。1720 年 8 月 20 日夜间，杰克·雷卡姆和他的 11 名船员盗走了"威廉姆"号帆船。总督罗杰尔斯发现了之后立即贴出告示指出偷船之人，并派出两艘帆船和 45 名船员进行追捕。然而在这个时候，杰克·雷卡姆正在掠夺牙买加的渔船。10 月初，"威廉姆"号就被前来追捕的乔纳森巴烈特等人追上。杰克·雷卡姆立即逃离了这艘装备精良的船，但是在晚上 10 点，他就被追上了。

杰克·雷卡姆和他的手下于1720 年11 月16 日在牙买加出庭受审，被判犯有海盗罪并于次日被绞死。

御用海盗弗朗西斯·德雷克

自古以来，在海洋之上都活跃着一批具有传奇色彩的海盗，其中一些不仅在当时就家喻户晓，而且名声流传至今，其中最有名的莫过于弗朗西斯·德雷克。很难用一句话来概括德雷克充满矛盾的一生，他既是凶残的海盗，又是伟大的探险家，更是杰出的海军将领。

德雷克出生于英国德文郡一个贫苦农民的家中，从学徒干到水手，最后成为商船船长，他的地位和经历在历史上最为特殊。由于家境贫寒，德雷克 13 岁时就到海上跟随他的表兄豪金斯，从事贩卖黑人奴隶的三角贸易，航行于大西洋与西印度群岛之间。豪金斯对他颇为器重，很快就派他独自指挥一条船。正是在豪金斯的扶植和"栽培"之下，德雷克开始了海盗生涯。

■1652 年 6 月，英国海军舰队与荷兰舰队遭遇，引发了第一次英荷战争。

□1652 年，李自成旧部李定国攻克湖南、广西数城，清定南王孔有德自杀。

当西班牙人在大西洋上源源不断往里斯本运输从南美各地抢掠的财富时，英国正处在早期资本原始积累时期，新兴资产阶级原始积累的主要方式是圈地和海盗抢劫。英格兰女王伊丽莎白在喧闹的世界地图上发现了一个奇妙的现象，蓝色海洋上混乱异常的发现和征服过程中，海盗绝对是不可缺少的生力军。海盗在伊丽莎白时代最为嚣张，达到前所未有的规模。在女王默许下，海盗抢劫的主要对象是西班牙，在海上打击西班牙船队，夺取西班牙在美洲获得的财富，伊丽莎白不仅包庇和鼓励海盗的抢劫，还多次投资参与海盗的远征，让西班牙国王菲力二世气得跳脚。

1567 年，当豪金斯决定第三次远航时，德雷克便协助豪金斯率领船队往新大陆贩卖黑奴。归途中，豪金斯的船队遇到了大风暴，结果“伊苏斯”号漏水，被弃于大海之中。豪金斯被迫来到韦腊克鲁斯港，他与西班牙舰队相遇，西班牙人当即对仇人开了火。此次作战，豪金斯损失了 3 艘船，只有“明翁”号和“尤季菲”号载着豪金斯和德雷克得以逃脱。他俩下定决心要为此次失利报复西班牙人。这次历险，使德雷克名声大振，女王伊丽莎白也由此记住了他的名字。

1569 年，德雷克第二次探险航行，从加勒比海再往前，到达了中美洲，当然，沿路也掠夺了不少西班牙船只。1572 年，德雷克获得了伊丽莎白女王颁发给他的捕掠西班牙船只的正式许可状。他带领两艘海盗船出海，此行的目标自然是被称为“世界金银库”的德·迪奥斯港。像当年的探险家一样，德雷克横穿了美洲大陆，第一次见到了浩瀚的太平洋。在南美丛林里他们蹲守了近一个月后，抢劫了运送黄金的骡队，又抢下了几艘西班牙大帆船，成功地返回英国成为了英雄。这次偷袭的成功，使英国人认识到西班牙人并不是不可抗衡的，他们的利益也并非不可侵犯。从此，英国以海盗手段，开始了与西班牙的海上争霸。

1577 年，德雷克得到枢密院的默许，决心要打破西班牙在太平洋的独占地位。他率领 5 艘船只，开始做周游世界的第三次航行。11 月 15 日，德雷克率船队从普利茅斯港启航。最初的航行并不顺利，因为启航不久就

■1720 年 11 月 16 日，杰克·雷卡姆和他的手下在牙买加出庭受审，被判犯有海盗罪并于次日被绞死。
□1720 年，西西里国王被迫将西西里交出，转为撒丁尼亚国王。撒丁王国自此诞生。

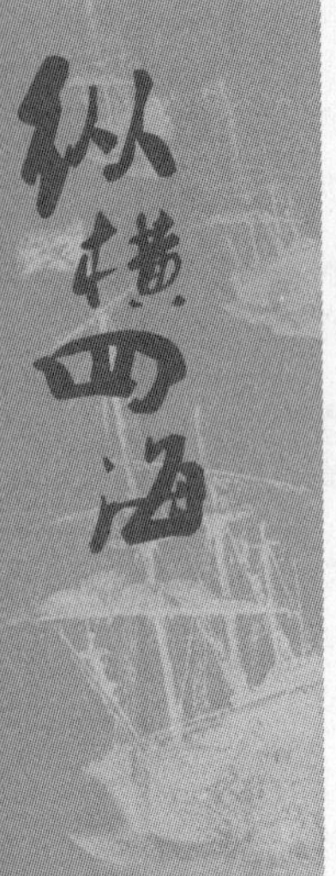

遇到了一场大风，船队遭到严重损失，德雷克不得不到附近的洁尔默思港避风。在这里，他抛弃了两艘无法航行的船。大风过后，其余3艘船也不得不重新返回普利茅斯港修理，直至12月13日才又重新起航。

次年8月中旬，舰船沿着寒冷多雨、迂回曲折的南美海岸南下，不久来到了通往太平洋的麦哲伦海峡。自从50多年前麦哲伦第一次穿过这一海峡以来，西班牙水手一直把这里视为畏途，再没有人能穿过它。船队在这里遇上飓风，一艘船沉没，一艘船折回英国，德雷克率“金鹿”号继续航行并发现了合恩角。

11月25日，正是他在海上航行一周年的日子。德雷克来到一座海岛补充淡水和食物，没想到和岛上的居民发生误会，岛民误认为上岛来的是西班牙人，于是在双方交火中，德雷克的右眼受伤。

海盗弗朗西斯·德雷克　　5-2

12月5日，当风平浪静时，德雷克才发现他们已经到了南美的智利海岸。这里一向是西班牙殖民者的天下，“金鹿”号的到来，犹如神兵从天而降，西班牙人大为惊恐。1579年2月13日，“金鹿”号终于到达西班牙在南美大陆的统治中心——秘鲁首都利马。他们袭击沿岸港口，拦截过往的西班牙船只“斯比德弗尔”号，德雷克从船上从容地搬走了最值钱的东西。此后的德雷克率领海盗舰队沿着南美海岸向北航行，一路上寻找一切机会抢劫遇到的西班牙船只。他的“金鹿”号上载满了掠夺来的金银珠宝。在西班牙人眼里，德雷克成了使他们恨之入骨的“海上魔王”。

德雷克继续北上，又截获大商船一艘、帆船一艘。帆船上有两个引航员，他们带有海图，奉命乘帆船通过太平洋。1579 年 4 月 15 日，德雷克驶进墨西哥的瓜塔尔科，这是他在美洲西海岸进入的最后一个西班牙港口。据说此前“金鹿”号已装满珍宝，因此乘员们再劫掠时只拿黄金和珍珠，而把白银不屑一顾地弃之地上。

但到北纬 48°时，遇到了坏天气，于是他又折转向南，在一个小海湾里抛了锚，这个海湾也就以他的名字命名，称做“德雷克海湾”。德雷克仔细检查了“金鹿”号，又开始航行，走的路线是当年麦哲伦的船只所走的航线。3 个月之后，他到达马鲁古群岛，在这里装载了贵重的香料。德雷克绕过好望角，出航 3 年之后，于 1580 年 9 月 26 日返抵普利茅斯，成为第一个环球航行的英国船长，也是麦哲伦之后第二个环球航行的人。自此以后，太平洋再也不是西班牙一家的天下。德雷克掠夺来的全部的珍宝暂时保存在国王的珍宝库里。为了登记和查封德雷克抢来的财物，女王指派了一个官员根据她的指令加以处理，并要求这个官员尽早给德雷克提供机会，海盗德雷克完全领会了她的意图，没有让任何人知道这些财物的确切数字。所以，迄今为止，没有一个人能够说出，这些财物到底有多少，这个海盗与女王是如何坐地分赃的。

德雷克所开辟的海盗航道，后来成了英国在海上的主要航线。这条航线大大地增强了英国人的海上力量，当然也进一步破坏了英国和西班牙之间的关系。

德雷克这次环球航行所得的掠获物的价值，据最保守的估计，约为 20 万英镑，差不多等于整个王室一年的收入。为了对德雷克表示公开支持，女王亲自登上了德雷克的旗舰表示慰问，并授予他爵士称号，命令将这艘海盗船保存下来，作为永久的纪念。

1576 年，西班牙人袭击西属尼德兰的安特卫普，使英国和尼德兰之间的贸易受到巨大损失。那时，英国和西班牙之间的冲突没有公开化。西班牙的这一行动，无疑是对英国的挑战。英国女王大为恼怒，决定实行报复，

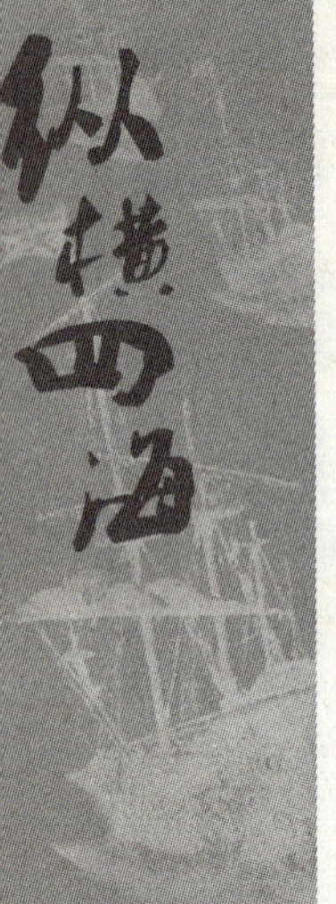

派德雷克出海，对西班牙进行大规模的海上武装袭击。1587年，英西海战爆发。但当时，英国海军还非常弱小，仅有34艘战舰，根本无力与西葡联盟作战。危急时刻，德雷克带领着25只海盗船赶到了，他迅速地改装了商船，把它们组成作战部队，使西班牙人损失惨重。“无敌舰队”只有一半船只回到了西班牙，返回祖国的还不足1万人，他们个个筋疲力尽，病得半死。西班牙和葡萄牙的海洋霸权遭到一次毁灭性的打击。在西班牙人中间，德雷克则成了恐怖的代名词，成了传奇小说中的一个魔鬼，据说西班牙殖民地居民的孩子们一听到他的名字就吓得不敢出声。德雷克的海盗船队在这次英国击败西班牙无敌舰队的战争中起到了至关重要的作用，他因此被封为英格兰勋爵，登上海盗史上的最高峰。

后来，这位海盗探险家当上了普利茅斯市长，后又被选为国会议员。此后，德雷克又几次奉命出海，袭击西班牙在美洲的殖民地，抢劫的财物不计其数。据说，英国从海盗活动中掠夺的财富，总计达1200万英镑之多。这使西班牙声威扫地，财政损失惨重。据有关资料，在这位海盗探险家的海上生涯中，共抢掠了价值约150万英镑的金银。他将其中的40%献给了英国女王伊丽莎白。

对西班牙国王来说，德雷克是个可怕的人物。在1595年的一次出航中，德雷克染上可怕的传染病，于1596年1月23日死在自己的船上。他一生以海盗抢劫为业，为英国建立海上霸权、加快原始积累立下了赫赫战功。他由海盗和奴隶贩子爬到了勋爵和将军的高位，他的历史成了不列颠历史的一页。

人物小传

豪金斯

豪金斯（1532—1595），是个著名的海盗，又是个血腥的奴隶贩子，也是英国伊丽莎白时代重要的海军将领和航海家。

他出生于英国西南部德文郡普利茅斯的一个商人兼水手的家庭，他家族中的许多人都在从事海外商业冒险活动，所以从小在本家族船上受过航海的训练。1554年，豪金斯父亲死后，他就继承父业，在海上贸易中发了财。1562 年 6 月，豪金斯在岳父和伦敦商人的资助下，率领一支船队出海，开始了他的第一次奴隶贸易航行，成为英国历史上最早进行贩卖奴隶勾当的海盗头子。1563 年 9 月，他满载而归，这是大英帝国最早的“三角贸易”。1564 年，他再次重复其航行，一举成为英国最富裕的人。

他这种贩卖奴隶的生意越做越大，伊丽莎白还容许他进入国会，跻身于政界。1572 年豪金斯进入英国国会，先后担任海军财务官、海军给养官等职务。1588年，在英国和西班牙的大海战中，霍金斯的参战和对战舰的改进对胜利起到了重要作用，他被授予了爵士的称号。

1595 年，年迈的豪金斯在他最后一次前往西印度的海盗远征中死在自己的船上，这次冒险活动遂以失败告终。

海盗学者丹彼尔

威廉·丹彼尔，1652 年出生，英国人，他对自然现象的观察极为敏锐，在某些方面是科学探险的先驱，也是第一个环航世界两次并继续进行第三次环球航行的人，拥有“大海之王”的称号。他曾在印度洋上当过见习水手，后来应征入伍成了一名皇家海军，并参加了英荷海战。

但是丹彼尔的性格与军队格格不入，1673 年，21 岁的他从军中开小差加入了海盗集团，袭击西班牙的船只。1683 年他们又转移到了几内亚湾

进行打劫。凭着胆量和才干，他很快就成了船长。和其他海盗不同，他对金钱和珠宝并不在意，却对气象、水文现象和海洋动植物有着浓厚的兴趣，多年作为海盗的航海经历让他对自然界的一切极为熟悉。他曾搜集了大量资料，凭着多年的勘测结果，重新绘制了太平洋沿岸岛屿及南美洲海岸线的地图。丹彼尔还参与了许多不同的航行，他最早是海盗的一员，后来成为英国东印度公司的职员。他的足迹遍布太平洋西部海域、新几内亚岛、菲律宾和东南亚沿岸地区。

为了躲避西班牙舰队的追捕，他们于 1686 年 3 月 31 日出发横越太平洋，到东印度群岛去闯闯运气。1688 年春天，丹彼尔的船来到了南半球一块地图上从未有过记载的陆地。他无法确认这是一个大岛还是一片大陆，但他认为，这里既不是亚洲也不是菲律宾群岛的一部分，而是另一块人们所不知道的陆地。丹彼尔利用这段时间上岸，调查研究了周围环境，观察记载了陆地上的动植物和土著。由于这个缘故，后来这里就被称作丹彼尔半岛。至今还有“丹彼尔群岛”和“丹彼尔海峡”的名字。在澳大利亚，丹彼尔当年第一次登上的地方被命名为丹彼尔地，以此纪念这位伟大的“海盗探险家”。

威廉·丹彼尔画像　　5－3

回来后的丹彼尔一贫如洗，不过他的航海日志却有无形的价值。与同伴不同的是，1693 年，他把自己在远方的经历整理起来，进行了文学加工。他绘制的地图、收集的植物和矿物标本以及他的游记《新环球航海记》，使他在英国家喻户晓，并引起了海军部的注意。

1699 年丹彼尔再次出航时已经是“皇家海军军官”，他将受任命指挥罗巴克号军舰考察南太平洋。再次来到当年那片只有“一面之缘”的神秘陆地，发现这里不是什么“大岛”，而是一块真正的新大陆。他以女王的名义宣布这里为大英帝国的领土，并命名为“新大不列颠”，即今天的澳大利亚。

1700 年丹彼尔回国发表了《风论》，在书中对大量气象规律进行了总结，成为海洋气象学史上不朽的名著。而值得一提的是在 1708 年至 1711 年丹彼尔的环球航行中，他们在智利附近一个荒无人烟的岛屿——胡安·菲南德斯岛上时，发现了一个身着羊皮的“野人”，这就是《鲁滨逊漂流记》主人公的原型——塞尔刻克，他造就了一代名作家丹尼尔·笛福。

丹彼尔后来又继续航行，发现了一系列的群岛和海峡，终于给世人展现了一张完整的南太平洋海图。1709 年 2 月 2 日丹彼尔来到胡安·斐南德斯岛，发现塞尔刻克竟然还活着，就将他重新带到人类世界来。

1715 年，63 岁的丹彼尔于伦敦病逝。纵观丹彼尔一生中的大部分时间，都与大海为伴，他的一生可谓波澜壮阔、多姿多彩。最令人敬佩的是不论处于何种境地，他始终保持着一颗热爱科学、勇于探求未知的心。尽管他曾是一名海盗，但是人们铭记的却是他对科学事业作出的巨大贡献。

英国海盗与荷兰的恩恩怨怨

荷兰的兴起使欧洲诸大国刮目相看。随着荷兰海上贸易的发展和向海外的不断扩张，英国与荷兰的矛盾开始尖锐起来。有着比荷兰长 10 倍海岸线的英国，几乎其所有的海上运输都由荷兰人担负，其海上交通线为荷兰独占。源源的财富旁落他人手中，英国自然不能甘心。当英国人也转向海上寻求致富之路的时候，他们到处碰到有冒险精神的荷兰水手的拼命竞争。

1640年，英国资产阶级革命爆发。英国资产阶级要求夺回其海上贸易。1651年，英国国会颁布了“航海条例”。“航海条例”专门针对进行“中介贸易”的荷兰，此条例对荷兰海外航运业的打击是沉重的。条例一颁布，荷兰就要求废除，英国不予理睬，双方剑拔弩张，最后只好诉诸武力，用战争解决问题。1652年至1674年英荷之间爆发了3次战争。

1652年6月，英国海军舰队在多佛尔海峡巡逻，与荷兰舰队遭遇，英国海军先行挑衅，引发了第一次英荷战争。此时英荷两国海军实力旗鼓相当。英国海军统帅是布莱克，而荷兰则由两位海军上将特罗普和赖特统帅舰队。双方主帅者都骁勇非凡，决定了海战异常激烈。9月，英荷主力舰队在泰晤士河交锋，激战两天两夜，荷兰大败。2个月后，荷兰以78艘战舰、300艘商船组成的联合舰队驶出北大西洋，在达格尼斯海角再次与英国海军激战，荷兰报了一箭之仇，将英国海军赶入港口，控制了整个英吉利海峡。1653年，两军再次对阵，英海军使用了英西战争中制胜法宝舷侧炮，以纵列队形迎敌，血战3天，将荷兰再次击败。

战争是残酷的，而战争消耗又是巨大的，能否支付得起战争费用，成为两国面临的最现实的问题。荷兰已显得力不从心，而以工业资本立国的英国在此时却显示出雄厚的战争潜力。1653年夏，英海军已占了压倒优势，英国海军开始封锁荷兰海岸，将荷兰所有过往商船一律俘获。由于荷兰以商业立国，贸易、工业、税收全部依靠海运，长达18个月的封锁，使荷兰财源枯竭，银行倒闭，百业凋零，其舰队更是无法振兴，终于不得不认输。1654年，双方签订和约，英国以豁免英荷战争赔款为条件，换取了同东印度群岛贸易的权力。

此后，双方又进行了第二、第三次英荷战争（1665—1667年；1672—1674年）双方虽各有胜负，荷兰却最终无可挽回地被削弱了、衰败了。

经过数百年的奋斗，英国终于在17世纪晚期掌握了欧洲与殖民地间的海上贸易，这为日后其成为“日不落帝国”打下了坚实的基础。

第二次英荷战争中的海战　　5-4

人物小传

伊丽莎白女王

伊丽莎白于1533年9月7日出生于格林尼治，1603年3月24日逝世于萨里，1558年11月17日至1603年3月24日任英格兰和爱尔兰女王，成功登上英国王位宝座。她是都铎王朝的第五位，也是最后一位君主。她终身未嫁，因此被称为“童贞女王”。

伊丽莎白女王在治国方面很有一套，通过巩固专制政权、发展工商业、建立英国海上霸权，在近半个世纪的时间里，使英格兰由其即位初期的混乱状态变为欧洲最强大、富有的国家之一。英国在19世纪末20世纪初的海上第一霸主地位就是在那时逐渐建立起来的。她以她坚定的意志、丰富的政治经验，把玛丽女王遗留下来的财力匮乏、军事软弱的英国，带进了一个政治稳定、财力充实、军事强大的时期，这段时期在英国历史上被称为“伊丽莎白时期”，亦称为“黄金时代”。

除了政治上的有为，还有就是她鼓励文学创作，莎士比亚就是在她统治期间成名，她还力排众议修建莎士比亚剧场。她本人受过良好教育，精通诗歌和几门外语。

伊丽莎白时代，最引人注目的是女王与海盗非同寻常的关系。女王虽然有时也发布缉捕海盗的命令，那只是做表面文章，而霍金斯、雷利、德雷克等海盗巨头都是女王的座上宾，受到女王的呵护和褒奖。

历史事件特写：发现德雷克海峡

德雷克海峡位于南美南端与南设得兰群岛之间，在巴拿马运河开凿之前，德雷克海峡是沟通太平洋和大西洋的重要海上通道之一。德雷克海峡是世界上最宽的海峡，也是世界上最深的海峡，以其狂涛巨浪闻名于世。历史上，无数船只在此沉没，因此被人称之为“暴风走廊”、“魔鬼海峡”，是一条名副其实的“死亡走廊”。

1577 年，德雷克率领 5 艘船只，开始做周游世界的第三次航行。但是最初的航行并不顺利，启航不久就遇到了一场大风，船队遭到严重损失，德雷克不得不到附近的洁尔默思港避风。德雷克发现两条给养船和那抢来的葡萄牙船被风暴所损坏，难以继续远航，决定把它们毁掉，人员和物资集中到 3 艘武装船上，准备闯过被称为“杀人海峡”的麦哲伦海峡。

麦哲伦海峡果然凶险，从雪山上下来的刺骨寒风，驱赶着 3 艘英国船，在陡峭的两岸之间艰难地航行了 16 天。进入太平洋后，立刻被不可抗拒的狂风恶浪裹挟而行，3 艘船失散了，一艘伴船撞在悬崖上沉没，另一艘躲回海峡，在等待了两个月之后驶回英国。

“金鹿”号被持续 50 多天的风暴带到南纬 57°的大海上，德雷克由此发现火地只是一个岛，而不是“南方大陆”的一部分，这一发现，为英国找到了一条不需要经过麦哲伦海峡进入太平洋的新航道。后人把这片海峡命名为德雷克海峡，以纪念第一个来到这里的航海家。

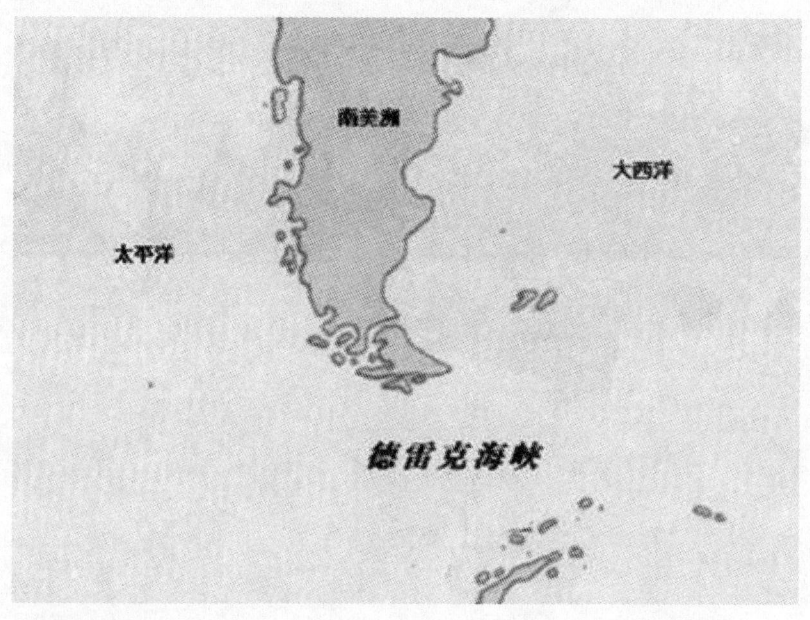

德雷克海峡 5－5

酷睿点评

从米松到豪金斯，到德雷克，众多海盗们各领风骚，虽然他们的身份是海盗，干的是在世人眼中罪恶的勾当，但在他们身上也流淌着坚毅勇敢的血液，甚至他们了有温情的一面。

这些几百年前纵横于海洋之上的海盗明星们，留给我们的不仅是他们的传说。他们的财富，他们的探险，甚至还有他们闪光的理想，形成一篇篇带着海腥味的传奇流传到了现在，成为无数文学作品的不竭源泉。

美国海军先行者：北美海盗

哥伦布发现了从西欧到北美的新航道之后，欧洲殖民者便纷纷踏上了原本是印第安人的家园——北美大陆，用枪炮在这里建立起了殖民统治。经过17~18世纪的西方列强争夺殖民地的战争，英国最终成了北美大陆的胜利者。同时，随着海上贸易的发展，从18世纪初起，北美沿海地区的海上劫掠活动也日盛一日，达到了空前的规模。

随着海上贸易的发展，从18世纪初起，北美沿海地区的海上劫掠活动也日盛一日，达到了空前的规模。

基德船长和后人的寻宝梦

在民间传说里，威廉·基德是一个臭名昭著的海盗，他曾埋藏过不计其数的财宝，但最终在绞刑架上结束了恶贯满盈的一生。事实上威廉·基德是一位极富争议的船长：他曾经是战争英雄，后成为赏金猎人，最后却以海盗罪被处死，但他至死都不承认自己是海盗。他是以极具传奇色彩的经历被载入《简明不列颠百科全书》屈指可数的海盗之一，直到今天，许多苏格兰人仍像崇拜英雄一样，将他视为苏格兰历史上的伟大人物之一。

1645年，基德船长生于苏格兰港口城市格林诺克一个虔诚的基督徒家庭，20岁时移民到了美洲。那时的基德已经是一个常年在海上漂泊、见多识广的优秀水手了。

1689年，英法百年战争爆发。战争开始后，基德应征入伍，当上了英格兰海盗船“布莱斯特·威廉”号的船长，在西印度群岛和加勒比海一带同法国人作战并屡建战功。

1691年5月，基德和一个富有的寡妇结婚后，在曼哈顿岛南部买了一幢豪华的房子，生儿育女，他成了一个成功的商人，过着平静的生活。

1695年12月11日，基德接受纽约、马萨诸塞和新罕布什尔总督、首任贝洛蒙特伯爵的请求，对印度洋中的海盗和法国船只展开攻击。为此，英国国王威廉三世向基德发放了私掠许可证，于是他乘坐“冒险”号出发了，凭着多年的航海经验，他自以为，自己有这么强有力的靠山，必定马到成功。但以后发生的一系列事件完全出乎他当初的预想。

■1689年，英国和法国百年战争开始。
□1689年9月7日，《中俄尼布楚条约》签订，划定两国东部边界。

一年过去了，基德巡遍了亚非海岸线，但除了几只小船外，一无所获。船员和资助者也个个心急如焚。这些船员，当初上船就是为了分得部分赃物，如果没有掠得东西的话，岂不徒劳无功？也许正是如此，他们要叛变造反了。同时，在伦敦，政府也在担心基德可能越过界限，由掠私船船长变成一名海盗。其实，此时的“冒险”号并未侵犯马达加斯加或其他地方的海盗，也未对在非洲海岸遇到的英国海军军舰做出什么不利之举。

不久，船只漏水，供给不足，船上气氛渐渐紧张。为了稳住局势，基德无奈之下被迫驶往红海，在那里他偷偷抢了几条印度商船，把财物分给了水手。但这只是开始，后来，基德就开始了他最为铤而走险的海盗行径。他的“冒险”号首先击毁了一条商船的主桅，接着又与迎面冲来的护航兵舰对射，这时他突然发现对方竟然升起了米字旗，基德猛地一下出了一身冷汗，原来他袭击的是英国东印度公司的船队，当场和他作战的竟是英国皇家海军！基德赶快撤退了，可是倒霉的是“冒险”号被认了出来。

1698 年 1 月 30 日，基德犯了更大的错误——他抢劫了一艘 400 吨级的“昆达”号商船。这次的疯狂抢劫惊动了英格兰国王。

1698 年 4 月 1 日，基德在其手下水手们的胁迫下正式成为海盗。在接下来的两年时间里，基德成了马达加斯加和马拉巴海岸线之间的“海上恶魔”。他抢掠了大量的商船，在极短的时间内，积聚了巨额的珍宝。在以后的历史资料中，甚至说他积累了价值几十亿的宝藏，当然，直到他的宝藏被找到之前，所有的数字都只是猜测。

基德的脾气变得十分暴躁。约于 1697 年 10 月，在一次激烈争吵中，基德像一头咆哮的狮子，把自己船上的主炮手威廉・穆尔打成重伤致死。

1699 年，基德率战舰在伊斯帕尼奥拉岛（今海地岛）停靠，在那里英国官员告诉他只要前往波士顿投降就可获得赦免。基德回到加勒比海之后，得知自己已经被列入海盗名单，于是他弃船前往纽约，希望能为自己辩解。

■1694 年，亨利・埃夫里哗变，开始海盗生涯。

□1694 年 12 月，玛丽女王去世，威廉三世成为英国唯一国王。

1700年2月16日，基德船长被带回了伦敦，他在英格兰监狱中度过了将近一年的时间。在狱中基德受到了残酷的折磨，据称精神失常。最后他以海盗罪和谋杀罪被判绞刑，1701年5月8日执行。基德三番五次开出价码，只要放他一条生路，他就讲出藏有一批巨宝的地点，即便如此，他还是难逃一死。基德第一次上绞架，绳子断了，但执行者们不在乎，第二次终于绞死了他。直到临刑前，基德船长也不愿向牧师忏悔。后来有人披露基德传奇的另一面是一桩涉及英法海上争雄的政治阴谋，就这样，曾经的海军英雄、大名鼎鼎的基德船长成为了政治的牺牲品，作为对其他海盗的警告，他的尸体被吊在泰晤士河上的绞刑架上整整两年。

基德船长和爱德华·蒂奇曾在此停泊　　6-1

基德虽然死了，但是由于他在审判过程中不断提及藏有巨宝，因而有关他藏宝的消息不胫而走，引起了众多寻宝活动，近300年来始终没有中断过，然而其中却没有成功者。基德究竟有多少财宝？藏在何处？或者倒底藏在几处？这些或许只有他本人才知晓的秘密，使世人众说纷纭，称之为“神秘的基德之宝”。

■1695年12月11日，基德开始对印度洋中的海盗和法国船只开展攻击。

□1695年，创建“光波动说”的荷兰科学家惠更斯去世，终年66岁。

人物小传

威廉三世

威廉三世（1650—1702），荷兰执政（1673—1702在位），英国国王（1689—1702在位）。他出生于荷兰光荣的奥兰耶家族，为国父奥兰耶亲王的曾孙。他性格沉默寡言，而且患有肺结核和气喘病。

1672年，法国国王路易十四与英国联手战胜荷兰。同年7月，威廉三世就任荷兰执政，并与神圣罗马帝国结盟击退法国人。1677年11月，他为与英国结盟，与表妹、英国公主玛丽结婚。1689年4月，威廉三世与妻子玛丽二世共同加冕为英国国王。该年10月，议会通过《权利法案》，奠定了立宪君主制和议会高于王权的政治原则。在位期间，他还使荷兰度过了被英法两国夹击的艰难岁月，维持了“海上马车夫”的独立和强盛。

1702年，威廉三世病死，没有后嗣，英国的王位由玛丽二世的妹妹安妮继承。

黑胡子爱德华·蒂奇留下的另类传奇

世界航海史上最猖獗的海盗活动，发生在19世纪初叶的北美东海岸一带。掀起这股海上抢掠浪潮的罪魁祸首，是一个绰号叫“黑胡子”的大海盗——爱德华·蒂奇，他同基德一样，在海盗史上也是一个十分著名、又十分可悲的人物。

他留着一丛浓密的黑胡子，据说打出娘胎以来就从没剃过，下至前胸上举齐眉，又长又密不说据说还被他编成了许多小辫子。在袭击一艘船之

■1698年1月30日，基德抢劫“昆达”号商船。

□1698年，英国议会通过立法，禁止北美殖民地各州之间进行羊毛及毛织品贸易，严重阻碍了新英格兰地区羊毛纺织业的发展。

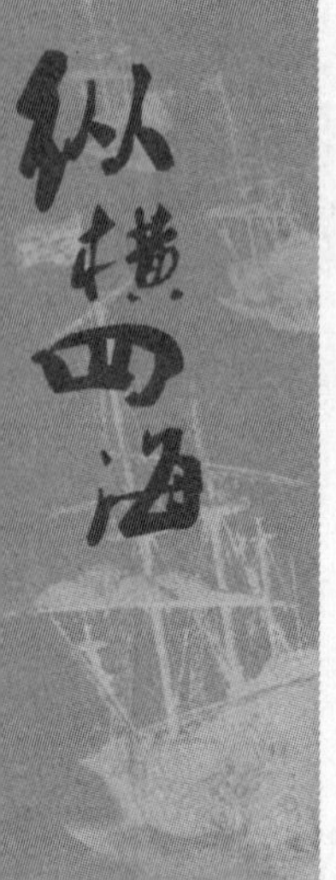

前，“黑胡子”总是把自己宽宽的佩带背在双肩上，他的佩带上固定着装子弹的皮带和三把插在皮套中的手枪。在他的帽子下面偶尔还插着两根点燃的导火线，模样甚是可怕。

当时的英国动荡不安，与多年来的海上竞争对手西班牙正处于交战状态。于是，英国政府便默许一些武装民船在海上进攻和抢劫那些过往的外国商船，年轻的“黑胡子”在这样的武装民船上当了水手。

1716年这一年，对“黑胡子”来说，是个“事业”上的转折点。他开始跟随著名的戈特船长当海盗，后来戈特船长任命他在一艘劫掠来的小船上担任指挥官。有一天，戈特和众海盗们抢到了一艘法国大商船。戈特命令“黑胡子”登上这艘被劫商船，然后把它开回基地。不料“黑胡子”一到船上就宣布自己是船长。从此，“黑胡子”离开了戈特，拉队伍自成一伙，挂起了自己的海盗旗。

“黑胡子”经常在北美东海岸的北卡罗来纳到洪都拉斯一带沿海烧杀抢掠，无恶不作，仅发迹的头18个月，劫获的船只就有20多艘。

1715年他指挥着有40门火炮的“复仇女王”号出海时就找上了普通海盗不敢惹的英国皇家海军。英国战舰首先开火了，都被蒂奇镇定自若地避开。瞅准机会，“复仇女王”号全速前进拦腰撞在了英国战舰上，正当英国官兵一片混乱的时候，蒂奇的水手们举起枪开始向甲板疯狂射击，英国官兵死伤惨重。很快，他就以“黑胡子”而著称，成为北半球最令人畏惧的海盗，整个大西洋沿岸来往船只要听到这个名字无不望风而逃。

此后的一段时间中，蒂奇无缘无故地消失了两年，令追捕他的英国海军无功而返。当这事渐渐被人们忘却时，他又悄悄地冒了出来，此时的他变得更加疯狂。1718年春，他竟然率领4艘海盗船封锁了南卡罗莱纳州首府查尔斯·顿，将港内的船只洗劫一空，然后放了一把大火。在这次抢劫中，他绑架了不少人质和市政议会的议员，以砍下这些人质的头要挟，要求市政府以巨额的赎金交换人质，扬言要“踏平查尔斯顿”。

他在西印度水域活动，截获大量船只，掠得了极为贵重的虏获物。更

■1698年4月1日，基德在其手下水手们的胁迫下正式成为海盗。

□1700年8月8日，俄国联合波兰、丹麦对瑞典发动“北方大战”。不久，瑞典国王查理十二迫使丹麦求和。

令人难以想像的是，人们很快发现黄金和金钱并非此人惟一的爱好，他最大的嗜好是折磨人受罪，直到人被折磨致死。

海盗们在北卡罗来纳州推销劫掠来的货物，当地居民乐于购买便宜货，州长对海盗也还算宽容。季奇带着少数人马来找北卡罗来纳州州长，接受了国王大赦。但实际上“黑胡子”根本没有想同海盗业一刀两断。他同北卡罗来纳州州长查理·伊登达成协议，把他原来劫掠来的一艘西班牙船当作合法的捕获品交给他。1718年6月，蒂奇乘这艘船又出了海，在百慕大群岛一带游弋。“黑胡子”在北卡罗来纳州感到异常安全。北卡罗来纳州州长袒护自己朋友的所作所为，所以，遭受损失的船主、商人、种植场场主就向弗吉尼亚州州长请求捕获或驱逐这个海盗及其同伴。这位州长召开会议，通过了号召书，鼓励所有人逮捕和消灭海盗。皇家海军便派出了“珍珠”号和“里姆”号两艘战舰，共装载了60多名水手和大量武器，前去帮助捉拿“黑胡子”。海军中尉罗伯特·梅纳德是这两艘战舰的总指挥官。

黑胡子爱德华·蒂奇画像　　6-2

1718年11月，梅纳德率领英国皇家舰队包围了“黑胡子”蒂奇的营地。战斗刚一开始，双方的船就都搁浅了，海战变成了陆战，但“黑胡子”的炮手还是准确地击中了“里姆”号，船长贝克当即死亡。当“黑胡子”带着手下爬上“珍珠”号时，孤军奋战的梅纳德只有12名士兵还能坚持战斗。据目击者回忆两个指挥官几乎是同时拔出了手枪，但“黑胡子”因为喝醉了酒没能打中，倒是梅纳德一枪打中了他的肚子，但身材魁

■1701年5月8日，威廉·基德被执行绞刑。

□1701年1月18日，德国东部的勃兰登堡大选帝侯，腓特烈三世在柯尼斯堡加冕成为普鲁士国王腓特烈一世，普鲁士王国建立。

梧的“黑胡子”却狂吼着扑过来一下打断了梅纳德的佩剑，这个时候一个水兵一刀刺中了他的脖子，梅纳德把蒂奇的头割下来挂在军舰的牙樯上带回了弗吉尼亚。“黑胡子”的死标志着美洲海盗的衰亡。

“黑胡子”虽然已死了200多年，但有关“黑胡子”的故事至今仍在北美东海岸一带盛传不衰。每个居民都知道他的名字，只要说声“黑胡子”来了，孩子们便吓得不敢吭声。“黑胡子”所密藏的金银财宝，还在吸引着无数的寻宝者。

人物小传

查尔斯·韦恩

查尔斯·韦恩是一艘海盗宝藏船的船长，他的船舶航行和作战技能罕见，曾经成功地掠夺无数船只，迅速成为一名臭名昭著的海盗。

因为在和一个法国士兵打斗时被挫败，他的怯懦激怒了“白棉布杰克”，于是杰克带领自己的手下哗变，把查尔斯·韦恩和他的支持者驱赶上一艘小帆船，放逐了他们。

查尔斯·韦恩很快抓获了两艘小船并重建了他的海盗船队，但后来韦恩和一些幸存者被困在一个小岛上，最后他被引渡到当局所在的皇家港。1720年11月，韦恩被判有罪，并被处以绞刑。

奇怪的海盗船长邦涅特

毫无疑问，斯蒂德·邦涅特少校在海盗世界里是一位不寻常的人物，他的出身至今不详。邦涅特生于正统的英国家庭，受过文科教育，并以学

■1715年，爱德华·蒂奇乘坐经过改装的荷兰商船“复仇女王”号前往公海，和英国皇家海军展开正面交锋，重挫英国皇家海军。

□1715年，法国国王路易十四去世，其5岁曾孙路易十五继位，奥尔良公爵摄政。

者的身份闻名遐迩。他参加过英国和法国之间的多次战争，爬到了少校军阶，退役后娶妻成家。年轻夫妇在英国住了一段时间，但是后来出于一些我们所不知道的原因，他们搬到西印度群岛去了。邦涅特在巴巴多斯岛上买到了一个甘蔗种植场开始务农。看来似乎一切情况都是有利于他过上幸福生活的——邦涅特既富有，又有文化，在岛上名声甚好，还有一个他非常宠爱的妻子。

但是邦涅特放着体面的种植园主不做，无缘无故偏偏做了海盗，令巴巴多斯岛的上流社会无比震惊。人们百思不得其解，一种观点认为他是个自由思想者，另一种观点认为他是精神病患者，第三种观点说，他去当海盗，是因为他妻子性格怪僻，她太同情别人的疾苦，并且无法不深感痛苦地忍受种植场奴隶每天都会遭到残酷惩罚的那种惨状。长期而又深刻的痛苦感受终于使她患上了精神病。大为震惊的邦涅特立刻就把自由证发给自己所有的奴隶，从而激起了巴巴多斯所有的种植场主的公愤。孤独的他选择了海盗生涯。

他自费装备了一艘有10门大炮的单桅炮舰，命名为“复仇”号，他还穿行于布里奇顿的客栈酒馆，最后招募了大约70名穷困水手组建了自己的队伍。他并不和船员签订什么合约，而是自己掏钱雇他们。然而此举可谓一种策略，使邦涅特永保指挥决断大权，从而免去了被船员起而废之的危险。

一开始，这位昔日的少校还颇顺利。他在弗吉尼亚州沿岸的北美水域内截获了7艘船只。与别的海盗不同，他从被拦截的船只上只拿走少量他所需要的商品，从不惊动船员和旅客，常把到手的船只又放走，让他们继续航行。

邦涅特与船员的关系很快就变坏了。他不遵循海盗的习俗和传统，以为可以代之以严格的监督。由于邦涅特对导航和驾驶完全是门外汉，他只得求助于别人，这在他的船上经常引起骚动。在船员们的坚决要求之下，邦涅特驾船驶到洪都拉斯湾去了，因为该海湾是来自于整个加勒比海的海

盗们经常聚首的地方，同时还可以在专门的地方修修船，备好食品和淡水，而最主要的一点是可以尽情地大吃大喝、追逐女人和打牌。在一个这样的寻欢作乐的场所，邦涅特遇到了黑胡子蒂奇。他俩之间突然产生了一种后来转化为合作关系的友谊。看来，这也正是邦涅特暂时放弃了船只的指挥权，而去为蒂奇当观测员的原因。

1718 年，邦涅特和蒂奇绝交了。他把自己的船改名为“罗亚尔·杰姆斯”号，称自己为托马斯船长。邦涅特去北卡罗来纳州，得到了国王的赦免。他向州长领了一张捕敌私船证书，去打西班牙船。但是，邦涅特不把自己的行动局限在捕敌私船证件所允许的范围内，很快他就开始随意劫掠所有的船只，包括英国船只在内。他的行为很特别，比如，他从一艘船上拿走全部食品，但不动其他货物，作为补偿，还给船长大米和索具。在另外一些船上，他或者只拿酒，或者只拿辣椒，或者只拿肉和烟。

当时航海使用的天文仪器　6-3

由于终究没有把黑胡子的航海技术学到手，有一次邦涅特落入了陷阱，并在暗礁上搁浅了。海盗与三桅战船的水手之间的炮火决斗持续了 5 个小时，然后水手们就开始打接舷战了。邦涅特的船员们明白自己已无法逃生，于是就竖起了白旗。邦涅特气得发狂，受不了这种打击，打死了那些竖起耻辱之旗的人，然后就朝火药舱冲了过去，想把船炸毁。但是，海盗们抓住了自己的船长，并把他献给了指挥这一战役的那个英国军官。

即便是在身陷查尔斯顿监狱时，邦涅特仍表现得很坚强，并因此而获得了狱友们的尊敬。他们甚至还替他安排好一次越狱行动，但是当局把周围地区的力量全都调动了起来，最后终于找到了他的踪迹。邦涅特和他的航海长向追捕者开枪回击，坚持战斗了几个小时，但是航海长不久就被打

■1718 年 11 月，在与梅纳德率领英国皇家舰队的交锋中，爱德华·蒂奇死于梅纳德船长之手。
□1718 年 1 月，反对彼得一世改革的俄国太子阿历克塞从维也纳引渡回国，被判死刑。6 月，阿历克塞死于狱中。

死了，而从前的少校又一次被抓。

查尔斯顿城海军法院判处邦涅特和他的同伴们死刑。12 月 10 日，邦涅特被绞死，他留下的财富不过几个英镑。

黑色准男爵罗伯茨

巴塞·罗缪尔·罗伯茨是一个甚为走运的英国海盗。他从 1719 年至 1722 年为盗 3 年，劫掠了数百条船，而且几乎没有大的流血。他有着非常复杂的人格内涵，首先和别的海盗不一样，他从不喝烈酒，只喝淡茶，酷爱华贵的服饰。最后一次作战时，他身着绣有金花的绛色坎肩，头戴插有红色羽毛的帽子，脖子上挂着金项链，系有镶着钻石的十字架。

他还是一个非常注重章程的人，除了自身有良好的习惯外，还为他的海盗船队制定了严格的规章制度，并且严厉地执行，这也使他在海盗中有着极高的威望。他把所有含酒精的饮料都锁起来，由自己亲自掌管，还禁止用纸牌和骨牌赌博，也不允许船上携带妇女，严禁海盗之间打架、斗殴。他头脑聪明，作战勇敢，总是带头登上敌舰。与其他杀人不眨眼的海盗头子不同，罗伯茨船长笃信基督。他强迫所有的人遵守宗教节日的规定。他不仅从海盗中挑选人才组成了乐队，还试图在礼拜天时不去进行海盗活动，而是改为为海盗们读书、说教和布道。他还完善了亨利·摩根的海盗法典，并在自己的队伍里严格贯彻。由于这种种行为，他获得了“黑色准男爵”的绰号。据说在两年多的海盗生涯中，他掠夺了 400 多艘船，其数量可以与亨利·摩根媲美，足以令他睥睨全球同行。他也是海盗史上最后一位伟大的船长。但这并不说明罗伯茨是个善良之辈。他一生作恶多端，关于他的暴行人们有许多传说。

巴塞·罗缪尔·罗伯茨，1682 年出生于英国的威尔士，早年间曾在武

■1722 年 2 月 10 日，英国皇家海军的“皇家燕子”号巡洋舰遭遇了“皇家幸福”号。激战中，罗伯茨被炸死。
□1722 年，朝鲜党争激化，“少论派”得势，制造“壬寅之狱”，杀戮宰相金昌集等大批“老论派”人士。

装民船上服务。当“黑胡子”在美洲沿岸威名远扬的时候，他还是一艘巴巴多斯商船的大副。在当了近20年普通水手后，他加入了戴维斯船长的海盗帮。有一次，他跟随戴维斯远征非洲内陆，戴维斯被土著人杀死，水手们一致推举罗伯茨做了船长。

1719年7月，他指挥“皇家流浪汉”号出发了，在戴维斯遇害的地方，为了清算血债，他夷平了那里的葡萄牙殖民地。然后他沿着非洲沿岸一路南下，9月抢劫了由42条葡萄牙商船组成的船队，被害者怎么也想不到会在如此庞大的船队里被抢，等回过神来，海盗船已载着4万块巴西金币远遁。这是罗伯茨开门红的第一单生意，从此海盗们对新头领心悦诚服。接着罗伯茨进入加勒比海，向北驶往纽芬兰，抢劫那些横渡北大西洋的船队。

与戴维斯不同的是，罗伯茨在他的海盗船上，竟公开升起他自己设计的海盗旗帜，旗帜上的图案十分醒目，原来，那上面画的是威风凛凛的罗伯茨本人。他本人手握宝剑，脚踩一双骷髅，望之令人胆寒。

1720年6月，“皇家流浪汉”号竟然高高悬挂着骷髅旗，大摇大摆地闯进了特雷巴西港，罗伯茨将泊在这里的150余条船洗劫一空，并且从中挑了一条最好的快船作为他新的旗舰，罗伯茨给它起名叫“皇家幸福”号。刚一出港他又抢劫了6艘法国商船。在英格兰海岸，他再次抢劫了一大批英国商船。到处都在通缉罗伯茨，不过他全然不放在心上。

在1920年10月28日至31日之间，这些海盗在多米尼加一带又抢了15条英法船只，还击沉了一艘有42门大炮的荷兰军舰。在有重炮把守的圣·克里斯托弗港，他们竟然迎着炮火驾着小艇冲进港去，抢回了几头羊。

不过好运气总是会走到头的，1722年2月10日清晨，在非洲沿岸距离当年戴维斯船长遇难地王子岛不远的洛佩斯角，英国皇军海军的“皇家燕子”号巡洋舰遭遇了“皇家幸福”号。海盗们前一天刚掠得一大笔财物，船上有大量的酒，海盗们喝得醉醺醺，发现危险时已为时过晚。激战中，一块弹片炸开了罗伯茨的喉咙，他当场毙命。

传说他的舵手，一个杀人不眨眼的硬汉完全无视周围的枪弹，抱着他的尸体像孩子一样放声大哭。遵照他的遗嘱，海盗们给船长穿戴好了衣服，把他的遗体沉入大海。如此情景，也感动了他的敌人英国舰长查洛涅尔·奥格尔，他决定为这位可敬的敌人举行隆重海葬。罗伯茨的遗体被穿上缀满宝石的礼服，置于灵柩中缓缓放入大海。

罗伯茨被打败前活动的纽芬兰海区　　6-4

人物小传

戴维斯船长

有关爱德华·戴维斯的生平，我们了解得不多，只知道当时的戴维斯船长，是一支海盗舰队的首领。

从1684年起，戴维斯船长常常驾着他的“快乐的单身汉”号帆船，率领着他的海盗舰队，多次在加勒比海和太平洋屡屡打劫来往的商船。凡是被他看中的猎物都几乎无法逃脱他的魔掌，尤其是从美洲开来的西班牙商船。

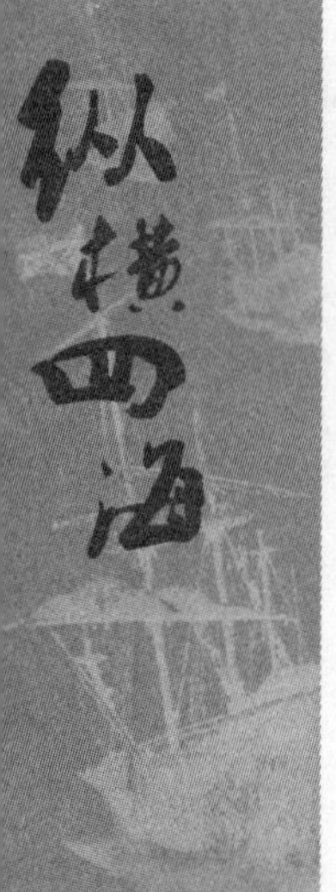

1687年，爱德华·戴维斯奉英国女王的命令，前往南太平洋寻找“未知的南方大陆”，沿途遭遇秘鲁地震，发现复活节岛。

据说，多年之后，戴维斯船长结束海盗生涯后，曾经带着一笔巨大的财富来到牙买加。偶尔，当他身边的银钱耗尽时，就会再度驾船出海，沿着一条秘密的路线，带着他特制的藏宝图前往科科斯岛，从那儿取出埋藏着的财宝，但人们始终无法找到他的藏宝图。此后的150多年里，很多人动用现代化的仪器设备，寻找戴维斯船长的财富，但均无功而返。

历史事件特写：基德抢劫“昆达”号

1698年1月30日，随着一艘庞然大物“昆达”号商船的出现，海盗们的希望也如红日喷薄而出。

事实证明这艘船确实是一块肥肉，满载丝绸、印花布、蔗糖、鸦片、枪支和黄金正向北航行。船长基德下命追击，最终船货兼得。当基德和他的全体水手杀上这艘重达500吨、配有10门火炮并装满了从孟加拉国带来的丰富战利品的大船时，才知道船上运的是莫卧儿帝国的珍宝。之后，他将船上的大部分贵重物品卖了出去，并将一部分珠宝埋在地下。

海盗基德船长画像 6-5

当“昆达”号商船被劫的消息传到伦敦后，他和过去一直被他追捕的海盗头子亨利·埃夫里一起，被排上了海盗中的头两把交椅，英国政府开出高额悬赏追捕基德。而此时的基德一不做二不休，不但藏起了钻石、金子和名贵财物，干脆又把那条漂亮的三桅帆船窃为己有。

酷睿点评

19 世纪初叶，北美东海岸一带出现了世界航海史上最猖獗的海盗活动。被逼当海盗的基德船长，“黑胡子”蒂奇，他们把大海搅了个鸡犬不宁。随着最后一位主角巴塞·罗缪尔·罗伯茨的退场，“30 年海盗黄金时代”也在历史舞台上缓缓降下了它的帷幕，历史上的“大航海时代”开始走向了末期。

今天，海盗的故事和他们埋藏的宝藏一样，已经逐渐沉淀到了历史的角落，但是当我们谈到他们的故事时，仍然不会忘记在他们那看似凶残的外表下，却埋藏着一颗不畏艰难，勇于探索未知世界的心，或许，这是他们留给我们的最珍贵的财宝。

通往东方的黄金之路：印度洋海盗

四大洋之一的印度洋，位于亚洲、南极洲、非洲和澳洲之间，在人类的文明发展史中，印度洋是世界各大洋中最早的航运中心。在西方人眼中，古老的东方永远都是那样神秘，印度洋上的航路因此充满着腥风血雨。

在西方人眼中，古老的东方永远都是那样神秘，印度洋上的航路因此充满着腥风血雨。

印度洋上的大好人季尤

印度洋上有个著名的海盗船长叫托马斯·季尤。像许多出身下层的海盗一样，没有人知道托马斯·季尤的具体生辰，只知道他生于新英格兰的罗德艾兰州。这个州的人多为清教派教徒。当时的美洲人都认为季尤是一个大好人，他把从异邦印度富有的皇帝那里夺来的东西，以低价售给北美贫困的基督徒。

他最早是武装民船的船长。当时的欧洲各国为了争夺海上霸权，动用了包括“鼓励海盗袭击他国船只”在内的一切手段。各国虽然都义正词严地宣布与海盗势不两立，实际上却收买这些海盗为己所用，武装民运船队就在这种背景下诞生了。表面上，这些武装民船接受皇室的“委任状”，执行保护商船的任务，而事实上他们经常以“保护”为借口打劫非本国商船，他们和海盗之间在行为上没有区别，托马斯·季尤即是如此。

1692年，他入股经营70吨的“友谊”号快帆船，并通过贿赂官员得到了一张民船委任状授权他去袭击非洲的一个法国海上贸易站。这张委派他去抢劫当时正在与英国人交战的法国人的委任状，对于一位海盗船长来说是和他的经纬仪一样重要的装备，因为万一被捕，他可以凭这个委任状来辩解。

这次先驱性的远航，从一开始就很顺利。“友谊”号开始扬帆向东沿着当年达·伽马开辟的航线进入印度洋，他进攻冈比亚河河口的法国商业性居民点，并把它们劫掠一空。季尤没有想为总督和商人们得到好处而去

■1558年，戚继光到义乌募集农民、矿夫3000多人，组成戚家军。
□1558年，英国在法国的最后一块领地加来被法国收复。英国女王玛丽卒，妹伊丽莎白继位。

冒更大的风险。因此，当他的另一艘船桅杆折断，已不能继续使用的时候，他说服船员们到印度洋上独立行动，自寻猎取对象，并叮嘱他们不要冒任何风险。

他乘“友谊”号绕过好望角，在马达加斯加岛补充了食品和水，就开始在曼德海峡，红海入口处守候猎物。在后来的几个月中，托马斯·季尤只遇上一个真正的抢劫目标，不过这个目标已经足够了。一艘属于印度莫卧尔大帝的船只正行驶在由印度到红海上的阿拉伯各港口的航线上，他们发生了战斗。为防海盗，这艘印度船只上除船员外，还有300名士兵，而季尤却只有少得可怜的几个人，但他竟不损一兵一卒夺得了这艘船。

托马斯·季尤把抢到的东西搬上他的船后，马上又向南驶去，到达马达加斯加沿海一个小岛圣·玛丽岛停泊。在岛上，托马斯·季尤按照海盗的规矩把抢到的所有财物分了，每人分得3000英镑，季尤大概得了1万英镑。就这样仅有8门火炮的“友谊”号开始了它的疯狂之旅，托马斯沿着阿拉伯和印度的海岸线抢劫，胆子越来越大，甚至还绑架了一位土著首领勒索了几大车的象牙和香料。

“海盗中的达·伽马”——托马斯·季尤画像(左) 7-1

1694年4月当“友谊”号回到罗得丝岛时，所带回的财物中仅黄金白银一项就价值10万英镑，名不见经传的托马斯一夜之间成

■1563年11月，倭寇2万多人围攻福建仙游县。戚继光以少胜多，倭寇全线溃败。
□1563年，英国国教信条（39条）编成，经议会通过颁布，由此奠定了英国国教会的基础。女王伊丽莎白没收爱尔兰土地，赠与英军官兵。

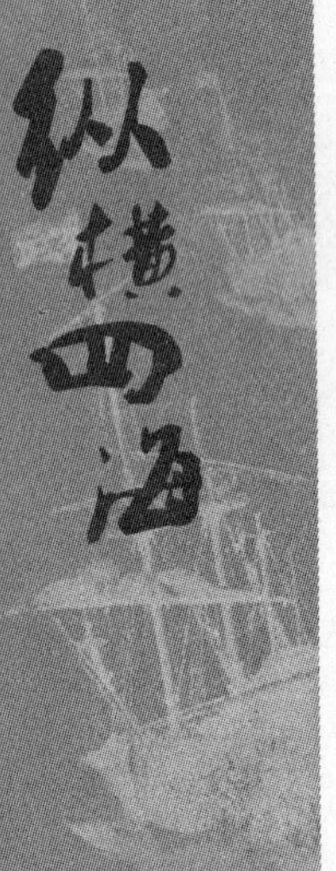

名，包括英国总督在内的社会名流们也频频向他发出宴会的邀请，托马斯·季尤的一家成了当时东方海岸社交场合出类拔萃的人物。年轻人纷纷要求入伙，渴望和托马斯·季尤一起从事第二次海盗航行。与此同时，东印度方向也开始成为海盗的目标，莫卧尔和东印度公司叫苦不迭的日子开始了。

他在纽约附近购置了一幢漂亮的住房，成了州长本杰明·弗莱彻的密友，这位总督甚至还送了一块金表给托马斯·季尤。弗莱彻发给季尤捕敌私船证件，1694年11月他再次雄心勃勃地起锚向东准备带回更多的财富，但这次没有上次那样幸运。1695年9月，当他在红海上与一条印度船战斗时被乱枪打死。

人物小传

莫卧尔大帝

早期莫卧尔王朝是个文盲大帝国，但出了一个文盲伟人，也就是沙迦汗大帝的祖父阿克巴大帝。阿克巴一生南征北战，将莫卧尔的版图扩张到了大半个南亚。他虽然不识字，但是却非常重视教育，尊重学者和文艺工作者。在印度所有外来的统治者中，莫卧尔王朝可以说是最伟大的一个王朝，它的行政统治较完备，各宗教的关系以及中央与地方政权的关系较融洽，经济和文化也出现了空前的繁荣。

阿克巴大帝死后，其子贾汉杰即位，继续推行阿克巴的政策，帝国版图又有所扩大。到了莫卧尔王朝的奥朗则布皇帝（1658—1707）（也就是文中的这位莫卧尔大帝）时，向南印度进行军事扩张，王朝版图几乎囊括了整个南亚次大陆。但他强制推行政教合一的政治体制，并恢复对印度教臣民迫害的政策，毁坏印度教神庙来改建清真寺，致使各地怨声载道，战乱不断，各地独立势力增强，帝国出现衰落。1707年奥朗则布死后，各省总

■1694年4月，托马斯·季尤率领的“友谊”号返回罗得丝岛。
□1694年，英格兰银行开业。

督纷纷独立割据，莫卧儿帝国陷于四分五裂。此时的莫卧尔帝国实际控制的范围已经很小，后来仅限于德里王宫周围的一小片地区。最后，在马拉提人的打击下，帝国彻底瓦解了。

幸福的海盗埃夫里

亨利·埃夫里，1653年生于英国的普次茅斯，少年时期就有过几次海上旅行的经历，最大的梦想就是将来能成为一名海盗船长。他从孩提时代开始，就出海航行。他是经过各种各样的海上经历后才从一个真正的海员变成为一名真正的海盗。

他在好几艘捕敌私船上当过多年的航海长。他在“季尤克”号上当过水手长。这是一艘有30门大炮的快船，武器装备良好，有船员124人，是一艘理想的海盗船。

时值西班牙和英国联合对法作战，为同法国人在西印度争斗，西班牙人招募了很多从布里斯托尔来的英国海盗。其中一个就是“季尤克”号船长吉普松。有好几个月时间“季尤克”号同另一艘帆船停泊在科龙，无事可干，等待命令。长达8个月时间船员没有领到津贴。船长是个酒鬼，大部分时间呆在岸上。埃夫里煽动船员的不满情绪，由于平日里在水手中的威信，几乎没费什么力就争取到了所有的水手。船上终于爆发了暴乱，5月，当“季尤克”号停靠在西班牙拉科鲁尼亚港补给时，埃夫里找到了机会，一天深夜趁船长吉布森喝得酩酊大醉之际，水手们悄悄解开了缆绳，当船长酒醒发觉时，船已行驶在大西洋上了，埃夫里宣布自己为新的船长。船长及一小撮亲信被赶上岸，船员们推选埃夫里为船长，他更换了新的船旗，并且给船重新起了个好听的名字——“幻想”号。

■1694年11月，托马斯·季尤再次启航向东寻宝。
□1694年12月，玛丽女王去世，威廉三世成为英国唯一国王。国会通过《地位法案》，规定政府官员不得兼任下院议员。

当他们行驶到红海海口时，遇到了另外5条志同道合的海盗船，埃夫里的海盗船队形成。

1695年8月，在错过了一队满载货物的商船队后，印度最大的船队“冈依沙瓦”出现在他们的眼前。这个船队装有62门大炮和500名枪手、600多名旅客以及50万块金锭和银锭，水手是“幻想”号的4倍，这支海盗船队在印度洋上演了以少胜多、以弱胜强的经典之战。印度人进行了顽强的抵抗，船上短兵相接的战斗整整进行了两个小时，埃夫里的手下海盗有20人丧命于印度人的刀剑下，但几个小时后“冈依沙瓦”被击败。

这件事引起了英国和印度之间剧烈的国际冲突，亨利·埃夫里也成了大英帝国的头号通缉对象。英国政府每隔一段时间都要宣布一些特赦令，宣布在宽广的海域上活动的海盗无罪，然而每次都有少数几个海盗是不包括在特赦令中的，埃夫里就是其中之一。

1696年，埃夫里集团收手散伙，集团中的许多人一踏上英国土地就被挂在了绞刑架上，只有埃夫里逃脱了。后来再也没人见过他，留下的只是他的海盗故事。

人物小传

亨利·埃夫里

埃夫里1653年出生于英国的普次茅斯的农村。他曾经受雇于百慕大英国总督，在非洲几内亚沿海一带做过奴隶贩子。

1695年8月，在错过了一队满载货物的商船队后，印度最大的船队“冈依沙瓦”成了埃夫里的目标。这位杰出的海盗在印度洋上导演了一场以少胜多、以弱胜强的经典战斗。仅仅几个小时“冈依沙瓦”就被击败，亨利·埃夫里也成了大英帝国的头号通缉对象。

■1695年8月，亨利·埃夫里抢劫印度最大的船队“冈依沙瓦”，成为大英帝国的头号通缉犯。

□1695年，思想家黄宗羲卒，终年85岁，主要著作有《明夷待访录》、《宋元学案》、《明儒学案》等。

1696 年，埃夫里集团收手散伙，集团中的许多人一踏上英国土地就被挂在了绞刑架上，只有埃夫里逃脱了，后来再也没有了他的消息。

他的故事曾被编成剧本在伦敦皇家剧院演出，获得了极大的轰动，而他正是笛福的名著《海盗船长》中的辛格尔顿船长的原型。

风波迭起的海盗海岸

所谓“海盗海岸”指霍尔木兹海峡及其西南方向波斯湾的部分南海岸这一长约 150 海里的沿海地带，因为这里长期以来一直是海盗们的据点而得名。海盗海岸以海岸线曲折而著称。其间散布的众多海湾和濒海湖是海上船只最为理想的避难所。

在长达 5000 年的时间里，由印度和中国来的船舶通过霍尔木兹海峡驶往波斯湾、阿曼，由那里又把货物沿幼发拉底河运往巴比伦，之后再由驮运商队运往地中海各港口。自 5 世纪初起，部分船只开始驶进红海。世代居住在波斯湾和阿曼湾沿岸的阿拉伯人起初以打鱼和采集珍珠为生，但随着造船技术的不断完善，他们开始从事更为有利可图的海洋运输业，他们带着葡萄牙人和英国人绕过好望角，继而沿东非海岸航行到索科特拉岛，再驶往孟买。

英国占领印度后，东印度公司的船只成了阿拉伯海盗最乐意进攻的对象。英国军舰数次征讨海盗，均未奏效。

1778 年 12 月，他们以 6 艘帆船袭击了一艘由殖民地经波斯湾向宗主国传递政府公文的英国船只。激战了 3 天之后，该船被海盗俘获，并被拖到了拉斯—埃尔—海姆斯。第二年，他们又接连袭击了两艘英国船只。

■1695 年 9 月，托马斯·季尤在红海上与一条印度船战斗时被乱枪打死。
□1695 年，创建“光波动说”的荷兰科学家惠更斯去世，终年 66 岁。

1797 年，几艘海盗帆船进攻英国三桅舰“毒蛇”号。在接舷战斗中，船长和半数船员阵亡，但三桅舰终于逃脱。

18 世纪末巴林一位族长的 4 个儿子告别了家乡，在波斯湾水域活动了数年后在霍尔—哈桑湾附近安居下来，并在这里组建了一个海盗集团。

1808 年英国人和海盗之间爆发了一场最为激烈的冲突。东印度公司一艘装备了 14 门火炮的商船在卡伊斯岛附近落入海盗船“幸运”号手中。

1818 年，英国军舰“希望”号在波斯湾航行时，在基思马赫港附近搁浅。124 名船员被俘，交给了基思马赫的族长。当英国人得知这位族长就是 1759 年生于纽卡斯尔的冒险家和海盗托马斯·霍尔顿时，感到惊愕不已。这位改信伊斯兰教的海盗头领对待自己原来的同胞非常友善，不要一分赎金，就释放了他们。

霍尔木兹海峡的卫星图片 7－2

“海盗海岸”上的阿拉伯人乘坐快帆船可到达印度西海岸，甚至威胁着孟买。19 世纪初，波斯湾水域频繁的海盗活动使该地区的贸易和航海活动受到了极大的影响。深受其害的英国东印度公司利用自己的影响曾经 3 次组织了海盗讨伐队。

1819 年，几艘英国大军舰与一支强大的讨伐队协同作战，拿下了他们的首府哈马角，破坏了海盗舰队的基地，阿拉伯海盗才减少了活动，但并未完全终止这一有利可图的行业。

■1696 年，埃夫里集团收手散伙，多人被绞死。

□1696 年 2 月（农历），康熙帝第三次出征噶尔丹，噶尔丹不久战败自杀。

最早的亚洲海盗——日本海盗

倭乱，或称倭寇，是14世纪至16世纪在我国东部沿海烧杀劫掠的海盗集团。

倭人同中国的频繁往来，大致开始于汉武帝以后。元封三年（公元前108年），汉武帝发动了对卫氏朝鲜的战争，灭其国，打通了汉与东方各国的通路。随着倭人与中国往来的扩大，中国的文化和先进的生产技术越来越多地传入到日本。直到唐以前，中国的史籍中均称其为“倭”。中国向来是日本对外贸易的国家之一。当时日本上下都需要中国货，诸如穿着的布匹、丝绵，日常用的瓷器、铁锅、食醋，各种书籍、名人字画以及交换用的古文钱等。

元末明初，张士诚、方国珍、陈友定等割据集团曾控制了浙江、福建、广东沿海一带，朱元璋平定了这些割据势力后，一些原属这些集团的人窜入附近海岛或逃往海上，但与沿海居民仍然有着千丝万缕的联系。他们一方面图谋卷土重来，另一方面，迫于生计不时在海上劫掠商船或上岸掠取财物，并勾结倭寇劫掠沿海地区。明初实行海禁政策，针对的对象就是这伙海盗和倭寇。明朝实行的海禁政策，除了政府之间可以实行朝贡外交，不许百姓出海、私通国外或是与外国人交易。虽然政策时宽时紧，但总的倾向是禁止，而这并没有阻挡倭寇的来犯。

约14世纪中期，日本亦处于南北混战状态，前后持续将近60年，直到1392年，南朝才被北朝吞灭。在长期的内战中，许多溃兵败将流离失所而沦为海盗；一些无以为生的人们也多流为盗贼；南朝灭亡后，一些不愿臣服于北朝的人，也入海沦为倭寇；一些海盗商人同这些溃兵、败将、浪人等结合起来在海上进行抢掠。而战乱期间，这些倭寇不仅没有统一的政

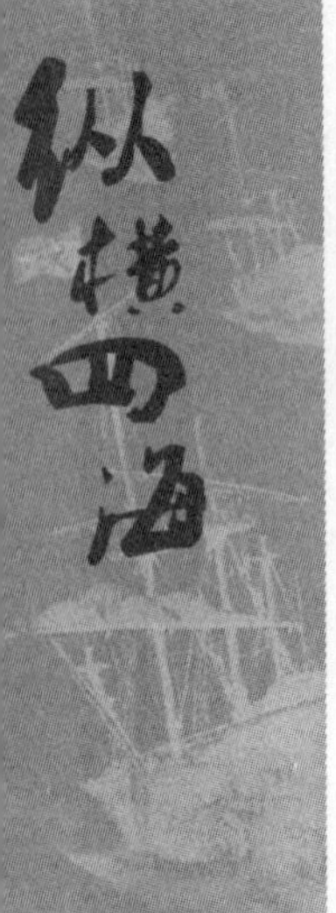

府加以约束，而且还得到了一些大领主的支持，使武士强盗的特性在海外得以任意发泄。

流传至今的历史资料中提到一个叫施色的日本海盗。一次航行中，施色在马六甲结识了一名叫弗朗茨·克萨韦尔的基督教徒。后来，在克萨韦尔的影响下，施色也成为一名基督教徒。1549 年，施色用自己的船把克萨韦尔当作传教士运进日本。这位僧侣来到日本后，想让施色当一个基督教团体的首领，但遭到施色的拒绝，他还是选择了继续进行海盗活动。

明初倭寇来华一般在清明节以后，借助东南风从朝鲜西海岸漂流而来。由于地理位置的因素，山东半岛、辽东半岛是他们最容易到达的地方。因

百年前的倭寇武士　　7－3

■1818 年，英国军舰“希望”号被基思马赫的族长俘获。

□1818 年 6 月，第三次马拉特战争结束，马拉特被英国征服，印度全境成为英国殖民地。

此，明初的倭患以山东、辽东较为严重。而此时之中国正值明初，方国珍、张士诚相继诛服，其中部分亡命者亦入海为盗。二者相互勾结，骚扰中国沿海。

日本海盗从不单枪匹马行动，总是大队人马一起活动。他们有的几十人，有的几百人，成群结帮，打着海商的幌子，但他们的实质则是一伙杀人越货的海盗。日本古称倭奴国，故中国古代史籍将这些日本海盗以及后来与之勾结的内陆奸民，通称为倭寇。日本海盗常常侵扰中国沿海特别是东南沿海地区，因为这里是明代经济最发达、物资和财富最充裕的地方，盛产丝茶等重要产品。他们每次侵扰，都疯狂地抢掠财货，大肆烧杀，还掳掠人口作奴隶，供他们压榨和奴役，可以说是无恶不作，祸患严重。

明朝中叶以后，统治集团日益腐朽，他们加紧榨取人民的血汗，过着荒淫无耻的生活。沿海武备一天比一天荒废，倭患也一天比一天加深。

倭寇的暴行激起了沿海居民的反抗，在抗倭战争中涌现出一批爱国名将，其中以戚继光最为出色。1563 年（嘉靖四十二年）11 月，两万倭寇围攻福建仙游县城已达 10 天。正在紧要关头，戚继光率领军队及时赶到，以寡敌众，奋力攻杀，终于击退倭寇，解除了仙游城的围困。

经过仙游之战，福建倭寇大体平定，残存的倭寇逃至广东，被另一抗倭名将俞大猷消灭。东南倭患基本平定。

后来，由于日本国内政治形势转变，加上官府的管制，日本人出海抢掠船只的事件逐渐减少，取而代之的是来自中国和朝鲜的海商与海盗。

人物小传

戚继光

戚继光字符敬，号南塘，又号孟诸，山东登州人。1528 年 11 月 12 日生于将门之家。戚继光小时候，学习非常勤奋。在父亲戚景通的教育下，戚继光逐渐接受了

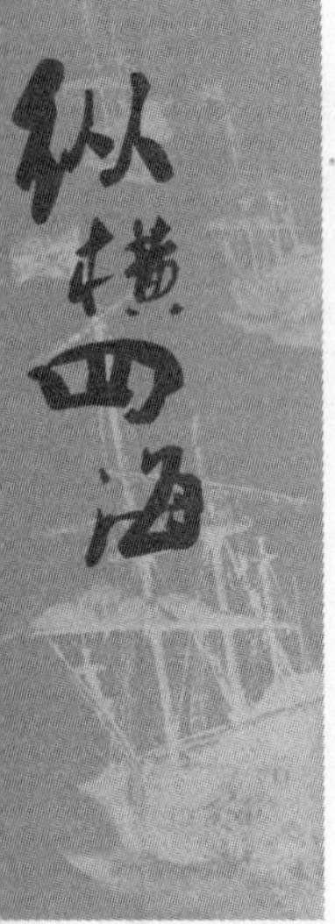

爱国思想，又学到不少军事知识，便立下志愿，准备继承父亲的事业，做一个保家卫国、奋勇杀敌的军人。

1544 年（嘉靖二十三年）戚景通去世，戚继光承袭父亲的武职，任山东登州卫指挥佥事，开始了他的戎马生涯。面对当时猖獗的倭患，戚继光的心里很不平静。他写下“封侯非我意，但愿海波平”的诗句，从中可以看出这位青年将领不图功名利禄，只望卫国安民的伟大抱负。

1559 年（嘉靖三十八年）9 月，戚继光亲自来到浙江义乌，以爱国大义号召当地群众参军报国，各乡农民纷纷报名入伍。1561 年（嘉靖四十年），倭寇又一次进犯浙江，沿海各地纷纷报警。倭船共几百艘，人数达到一两万人，声势浩大，远近震动。戚继光听到消息，马上率军前往，把倭寇打得落花流水，狼狈而逃。1563 年 11 月，倭寇 2 万多人围攻福建仙游县。戚继光以少胜多，倭寇全线溃败。

戚继光画像 7-4

戚继光戎马一生，确实像他自己在诗中所写的那样，江南塞北，转战千里，直到年近花甲才告老还乡。1588 年 1 月 17 日，一代名将戚继光离开了人间，但戚继光和戚家军英勇杀敌的故事，至今仍在人民群众中广为流传，甚至编成戏曲到处演唱。人民永远纪念这位热爱祖国、保护百姓的抗倭名将。

历史事件特写：戚继光智取横屿岛

1562 年，被戚家军打败的倭寇退缩到了横屿岛。横屿岛是孤立在海中的一个小岛，潮水上涨时周围汪洋一片，潮水退落后又是海滩泥潭，马踏上去必定要陷进烂泥里。倭寇自以为有天险挡道，无人能靠近，因此将该岛作为大本营。不过，戚继光派出的探卒发现，在夜晚海水落潮后，有片泥滩可以直通横屿岛。戚继光立即命令将士做好战斗准备。

夜半时分，潮水退落，横屿岛笼罩在一片黑暗里。戚家军排好队列，每人夹带一捆干草，来到横屿岛的对岸，他们把干草扔到渐渐露出水面的泥滩上，铺出一条路来静悄悄地上了岛，然后便火速前进直奔倭寇大营。

倭寇发现戚家军接近横屿岛，迅速布阵，一部在山上依托木栅防守，一部在山下摆成阵势，企图乘戚家军立足未稳，将其赶入海中淹死。戚家军将士深知，攻打横屿岛是背水决战，有进无退，有敌无我，必须个个奋勇当先，誓死拼搏。不到一天的功夫，就收复了被倭寇侵占达 3 年之久的横屿岛。

酷睿点评

当资本主义开始在世界范围内大行其道的时候，海盗们逐渐淡出历史舞台，历史上的“大航海时代”也开始走向了终结。

新兴的资本主义国家，比如荷兰和英国成为了新一代的海上霸主。黄金寻求者们从传说中特别是《马可·波罗行记》等著作中了解到中国、印度和南洋各地财富如山、黄金遍地的奇迹，如痴如醉，极力向往，决心远涉重洋到东方去寻求黄金。科学技术的进步正好为这种愿望的实施准备了客观条件。随着葡萄牙敲开了日本的国门，日本的对外政策，尤其是对中国的态度也开始起了明显的变化。倭寇的出现将中日这两个东方国家也卷入到海上势力竞争之中。

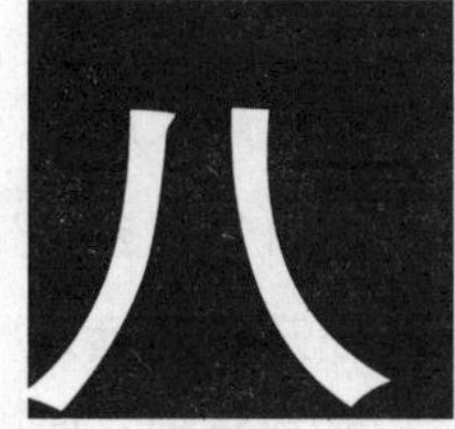

海盗们的天堂：南海海盗

南海又称南中国海，是中国近海中面积最大、水域最深的海区，面积约350万平方公里，位于太平洋和印度洋之间，是沟通亚洲、非洲、欧洲和大洋洲之间海上航行的必经之地。地理大发现的结果促使欧洲人来到了这一地区。葡萄牙、荷兰和英国海盗的活动最为猖獗。

南中国海也曾经是海盗活动最为猖獗的地区。

马来群岛的海盗之王

马来群岛称东南亚岛屿区，也叫南洋群岛，是世界上面积最大的群岛。它位于亚洲东南部太平洋与印度洋之间辽阔的海域上，由2万多个岛屿组成。早在还没有文字记载的年代，这里的商人就已经开始和远近东的国家进行商品交易了，他们的足迹东到中国、日本，西到波斯、阿拉伯地区。

随着欧洲人的到来，在海上贸易通道上，出现了能够装运大量货物的巨型船只。而当时，在印度和中国、波利尼西亚群岛之间的贸易仍使用小型的近海航船和中国帆船。欧洲人在这个地区的出现，破坏了传统的贸易关系，使当地航海业和贸易活动受到严重的冲击。于是马来人开始从事抢劫活动，继而变成名副其实的海盗。

欧洲海上列强不能一致行动，给海盗们的持久存在提供了温床。虽然英国人不乏海船，西班牙人则一再装备船队去菲律宾进行讨伐远征，但是，他们在同海盗的斗争中却从未取胜。荷兰人与英国人相比，在该地区拥有更多的战船，因而他们的活动也比较顺利。但是，他们仅殚精竭虑于自己所关切的地区。

同在欧洲水域里为非作歹的海盗一样，这一地区的海盗也是劫掠沿海地区，捕捉活人。他们把俘虏放在各岛屿的奴隶市场上，甚至在大陆沿海地区出售。海盗船与地中海的帆桨大船相似，一排桨由奴隶桨手操纵，船的中部突起，站着士兵，手执长矛、大刀和马来亚的蛇形匕首。后来，在船首和船尾安装了大炮，船员也装备了火器。在征

■1514年，马六甲防守司令派人到达我国广东珠江口屯门。

□1514年，在查尔迪兰，土耳其苏丹沙里姆和波斯萨菲王朝举行会战，土军获胜。

服了苏拉群岛、文莱沿海、北婆罗洲苏丹国和马鲁古群岛沿岸以后，他们的胃口越来越大，开始袭击来往于亚洲殖民地和欧洲宗主国之间的船只，这就直接侵犯了从南亚殖民地牟利的英国、荷兰和葡萄牙的利益。

南海岛礁星罗棋布，易隐蔽逃遁，是海盗横行之处。南沙海盗多为中国海盗和菲律宾、苏门答腊一带海盗。马来亚海盗的首领中在欧洲最先闻名的是拉加。19 世纪初，他控制加里曼丹岛和苏拉威西岛之间的地域达 20 年之久，以残暴、勇敢和智慧著称，外号“海盗之王”。

一个多雾的早晨，一艘马来亚海盗船错将一艘英国讨伐船“埃尔克”号当成普通商船，决定对其发动攻击，在两船相距 200 米远处，船长下令开火。等到弄明白以后已经迟了，自己的船只已经千疮百孔并开始慢慢下沉，船员中只有 5 人幸免。拉加听说这件事后，发誓以后凡是遇到英国船只都不放过。拉加袭击通过马六甲海峡的欧洲商船，千百艘船只遭抢劫，被焚毁，船员全部被杀。西里伯斯海岸周围 200 海里范围内已经没有人不知道拉加的名字了。1843 年他率领一个海盗集团袭击了 3 艘英国船只并亲自处死了 3 位船长，这件事激怒了英国人，英国人派几艘军舰剿灭拉加海盗集团，但他们的行动没有多大成效。拉加常在西里伯斯海岸停留 50 ~100 艘大船随时听候调遣，在岛的山顶上设置了观察哨，任何船只进入视线都会发出信号，白天采用白旗，晚间则用火光通知海盗的首领。

1830 年，美国的“友谊”号在苏门答腊岛的瓜拉巴塔港遭到海盗袭击。两年后，奉美国政府之命，三桅军舰“波托马克”号摧毁了瓜拉巴塔港。他们首先伪装成商船停泊在港口，当晚，一名军官率领 300 名水手上了岸。第二天拂晓，这些水手们开始发动进攻，一场激战之后，要塞被占领，村庄被烧毁，居民全部被杀。海盗在瓜拉巴塔港的据点就这样被摧毁了。

1841 年和 1842 年，文莱先后将沙捞越和北婆罗洲割让给英国。1841

■1517 年，安剌德率葡萄牙武装船队闯入珠江，开炮示威。

□1517 年 10 月 31 日，德国僧侣路德公开发表九十五条论纲，揭开宗教改革的序幕。

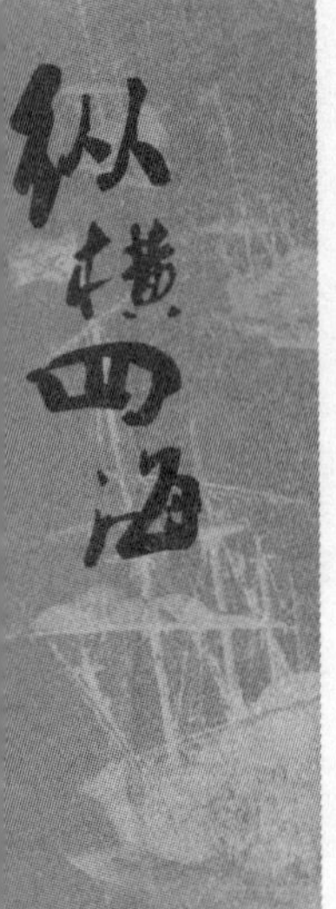

年，文莱苏丹同意任命一位英国人詹姆斯·布鲁克担任沙捞越地区的总督，这位总督深知，如果不把海盗活动彻底消灭，婆罗洲就不会安宁。布鲁克与海盗的斗争是从击溃袭击沙捞越的海上达雅克开始的。文莱海上达雅克的一些苏丹省督就是海盗头目。1843 年，他们策划对布鲁克发动大规模进攻。他们得到前沙捞越的省督马可达和尤素福的支持。但是，这次密谋遭致失败。因为适逢凯佩尔舰长乘英国军舰“迪多”号前来调查有关海盗在文莱沿岸袭击新加坡商船的情况。他根据布鲁克的建议，抢先进剿萨里巴斯人和塞克伦人，并击溃了他们。

1849 年布鲁克与英国人联合对马来亚海盗进行了一次清剿，取得显著成效：摧毁 64 艘大船，掳获了 80 艘其他船只，占领了河口的几个海盗基地，在河两岸的村庄中到处抓人，仅有个别人得以逃脱。一个月以后，英国讨伐队彻底消灭了婆罗洲地区的马来亚海盗。

美丽的沙捞越 8－1

■1624 年，荷兰殖民者来到中国台湾西南沿海一带，骗取土地。

□1624 年，法国与荷兰缔结同盟。黎塞留出任法国宰相，任职 18 年。

人物小传

詹姆斯·布鲁克

詹姆斯·布鲁克爵士（1803—1868），出生于葛洛夫山谷，邻近英格兰西南部巴兹，是沙捞越第一位白人拉者（或译作拉惹，是东南亚以及印度等地对于领袖或酋长的称呼）。英国人向加里曼丹渗透和19世纪中叶英国对文莱的殖民化与英国的殖民开拓者詹姆斯·布鲁克的名字分不开。

詹姆斯·布鲁克于1803年出生在贝拿勒斯（印度）东印度公司的一个职员家庭里。16岁时，他开始在英国殖民军中服役。英缅战争刚刚爆发，他便随他所在的部队开赴布拉马普特拉河流域，在兰加普尔附近的战役中受了重伤。1826年他动身去英国。在他父亲死后，他继承了一大笔遗产，布鲁克将其大部分花费在购买船只“皇家”号上。

1838年，布鲁克航行至婆罗洲，同年8月抵达古晋，见到文莱苏丹。文莱苏丹正在为殖民者与迪雅克原住民联手合作发动的暴乱而头疼不已。他一方面为苏丹提供援助，另一方面则指示他的团队在当地建立和平拓殖区；苏丹则赋予布鲁克在沙捞越“拉者”的封爵，布鲁克开始建立并巩固在沙捞越的统治支配权，重整行政架构，制定法律并与海盗抗争。

1847年，布鲁克暂时返回英格兰。1851年，布鲁克被控失职，这项指责使他成为国内的争议人物，导致英国皇室只得在新加坡为他任命授衔。由于此项指控调查尚未被证实，此事时时萦绕在布鲁克心中。

1868年，布鲁克治理沙捞越直到逝世。在世的最后10年间3次突如其来的中风夺去了他的生命。

中国海岸上的葡萄牙人

提起葡萄牙，许多中国人都会联想到澳门，也难免会对葡萄牙这个远在天边的小国如何在400多年前占据当时仍为天朝大国的中华民族主权下的澳门感到大惑不解。

16世纪初，葡萄牙人用武力在果阿、马六甲、马鲁古群岛等地建立了殖民统治。然后，他们便将侵略的矛头指向中国。葡萄牙人出现在中国海岸上，他们比日本人更加残酷。一些葡萄牙海盗的名字很快就闻名遐迩了。他们从欧洲船只的逃跑者中招募船员。他们驾船舰，持火枪，闯进我国东南沿海一带，在这些地方进行海上劫掠和沿岸劫掠。葡萄牙人在放火烧杀抢劫财货之外，他们与“倭寇”最大的不同，就是喜欢大量掳掠平民，转送海上贩卖为奴。

1514年，马六甲防守司令派人到达我国广东珠江口屯门，“建立石柱，刻葡萄牙国徽于其上”。这是葡萄牙人首次到中国。自这年起，葡萄牙军舰不断驶往中国沿海侦察海防和了解贸易状况。1516年，葡萄牙国王委派皮莱菲为特使，率舰队占我东莞县屯门岛（今为香港屯门区），并要求通商。1517年，安刺德率葡萄牙武装船队闯入珠江，开炮示威。1519年，葡萄牙驻马六甲总督派其弟西眇，率船队抵达屯门，自此以后，葡萄牙船队频繁往来。为捍卫国家主权，1521年，明王朝将领武烽将其逐出。但是葡萄牙侵略者不甘心失败，流窜到福建漳州、浙江宁波，继续剽劫抢掠。第二年又卷土重来，再次遭重创。

葡萄牙侵略者从失败中认识到，中国不同于非洲和东南亚的一些荒蛮之地，采取凭借武力建立商站和军事据点以扩大侵略的惯用手段，在此行不通。要和中国打交道，除了凭借武力外，还要通过“和平”的方式。

■1652年，中国台湾爆发了以郭怀一领导的抗荷武装起义。

□1652年2月，英国国会颁布《苏格兰处理法案》，8月，颁布《爱尔兰处理法案》，占领上述两国。

澳门标志性建筑——大三巴牌坊　　8-2

明朝嘉靖年间的1550年，抗击葡萄牙殖民者而建有战功的三位官员受到陷害和打击。从此，朝廷官员无人敢再当廷广议海禁一事。加之中国华南沿海的防务也趋于懈怠，这为葡萄牙的卷土重来提供了机会。1553年，葡萄牙人索萨率船自马六甲来到广东，请求恢复通商，并在广东近海寻觅一处合适的港湾作为对华贸易基地和商船往来于日本和印度间的中途停靠港。澳门半岛三面临海而以诸岛为屏障，可谓有风不起浪，既适宜船只停泊、装卸货物，又便于海外航行。于是他精心策划，隐瞒国籍，大肆行贿，终于买通广东海道副使，以货物被海水浸湿要晾晒为借口，在澳门"筑室赖居"，从此打破了中国规定外商抵达澳门后"货尽即去"的先例。

最初几年，葡萄牙人在澳门遵守中国法令，"稛载而来，市毕而去"。可是，没过几年，他们殖民主义者的面目就逐渐暴露出来。约从1557年起，葡萄牙人非法盖屋定居。不到10年，葡萄牙人在澳门"筑室千区"，"夷众万人"。一些葡萄牙天主教传教士也来到澳门，非法建立天主教堂。

从1580年起，葡萄牙已经衰落不堪，沦为西班牙附庸，又牵涉与荷

■1661年4月21日，郑成功率兵25000人、大小战船数百艘，从金门料罗湾出发，决心收复中国台湾。
□1661年8月，清廷厉行海禁政策，强令近海居民内迁30里，严禁船只出海。

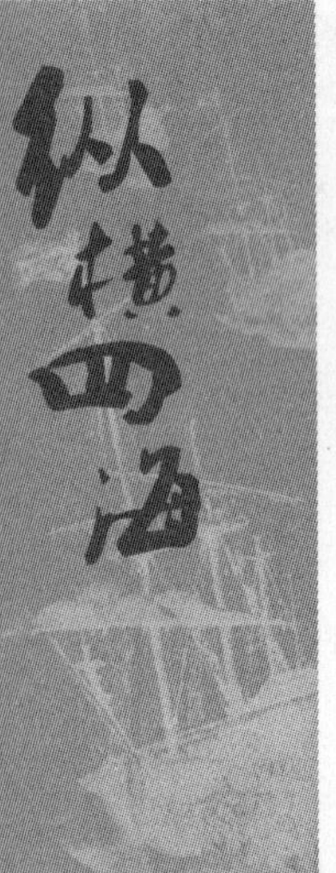

兰、英国等国的恶斗，民疲财耗，许多海外殖民地被他国所夺。所以，此时在澳门的葡萄牙人就变得低调得多，对于当地只是窃据而已，不再挑动事端。

时光流逝，一晃就是几百年。1845 年 11 月 20 日，葡萄牙女王玛丽亚二世颁布敕令，宣布澳门为自由港，允许外国商船在澳门进行自由贸易，豁免一切税收。同时，她派出狂妄的殖民主义者亚马留，任命其为新任澳督，赴澳门夺取主权，最终占领澳门全境。澳门就这样被葡萄牙窃据了。

人物小传

亚马留

亚马留（？—1849），澳门第 79 任澳督。亚马留是一个狂热的葡萄牙殖民主义者，他曾在海战中失去一条右臂，故有“独臂将军”之称。

亚马留上任后，非常狂热地在澳门推行疯狂的侵略政策。1846 年 4 月他到达澳门后，不断制造事端，阻挠中国在澳门行使主权。1846 年 5 月，他宣布对华籍居民征收地租、人头税和不动产税，把原本只对葡人实行的统治权力，扩大到华籍居民。之后，他又下令所有在澳门停泊的中国船只要向“船政厅”登记纳税。1846 年 10 月 8 日，当中国商船拒绝纳税时，亚马留下令炮轰商船，造成多人死伤。当广东省香山知县来交涉时，他竟宣称葡萄牙有管辖在澳门的中国居民的权力，而清廷无权过问。1848 年他下令开关马路，掘毁关闸一带村民的坟墓。1849 年，亚马留又利用中英两国为广州入城问题发生剧烈冲突的机会，悍然派兵捣毁海关，并擅自审判在澳门的华人。又把建立在议事亭入口处的中国法律石碑捣毁，企图销毁中国政府对澳门拥有主权的证据。

他的行径激起了中国居民的愤怒，1849 年的农历八月二十三日，望厦村农民沈亚米（又名沈志亮）、郭金

■1662 年 2 月 1 日，沦为荷属殖民地达 38 年之久的中国台湾，重新回到祖国的怀抱。

□1662 年，张学礼奉命出使琉球，著《使琉球记》。

堂等7人，乔装成售卖花果的人贩。他们夹着雨伞，伞内藏着利刃。当亚马留走近时，他们假装上前告状，高声喊冤。亚马留伸手接状子时，他们突然拔刀猛砍，将他拖下马来，砍下了他的首级和独臂。

荷兰霸占台湾

16世纪末，荷兰崛起。为了跟葡萄牙、西班牙争夺东方殖民地，荷兰建立东印度联合贸易公司。17世纪初期，东印度公司在印度尼西亚取得了立足点之后，它那贪婪的眼光开始投向中国，并想极力撵走其竞争者西班牙和葡萄牙，妄图独占中国的对外贸易。

1601年，荷兰武装商船来到广东海面，想凭借武力要挟中国答应租地通商。他们于1604年、1622年和1624年3次侵犯澎湖，结果损兵折将，都被明朝军队击败了。战败的荷兰殖民者退出澎湖，转而进犯中国台湾。如今，在我们祖国的宝岛台湾，还流传着“红毛计诈牛皮地”的故事。

据说，1624年荷兰殖民者来到中国台湾西南沿海一带，企图登陆。当地高山族居民严阵以待，不许他们上岸。荷兰人为达到侵略目的无所不用其极。1624年9月，装出一副可怜样的荷兰人提出只要借用“一张牛皮大的地方”就行了，善良的中国人当然信以为真，以为荷兰人只是为停船上岸，所需地方不大，也就同意了，立即收兵撤防。荷兰殖民者很快用剪刀将一大张牛皮，裁成许多条，然后接起来，成为一条长绳。他们用这条长绳圈起一块相当大的土地，并在这块土地上垒石筑城。荷兰殖民者称这座城堡为“热兰遮城”。第二年，荷兰殖民者宋克率侵略军来到台湾西南的新港社，故伎重演，在这块土地上修建了赤嵌城。不久，西班牙人也侵入了中国台湾，侵占了中国台湾北部和东部的一些地区。1642年，荷兰军队攻占了西班牙在中国台湾北部的据点，把西班牙人赶走，中国台湾沦为荷

■1830年，美国纵帆船“友谊”号在苏门答腊岛的瓜拉巴塔港遭到海盗袭击。
□1830年7月27日，法国爆发革命。29日，查理十世外逃，七月革命胜利。奥尔良公爵路易·菲利普当了国王，建立七月王朝。在法国革命的影响下，欧洲一系列国家发生了革命。

兰的殖民地。

荷兰侵略者对中国台湾侵占区的人民除了用武力进行军事镇压外，还实行残酷的殖民统治。在政治上，他们利用汉族和高山族“长老”作为基层统治者，并“授以刻着公司的徽章的银头藤杖各一条，作为职位的标志”。此外，又召集“长老”组织南北评议会，每年 3 月 8 日开北部评议会，4 月 4 日开南部评议会，通过“长老”来控制台湾人民。

台湾人民耕种自己开垦的土地，却要向荷兰交纳高额的地租。此外，捕鱼狩猎都要纳税。荷兰殖民者还强迫台湾人民交纳人头税，而人头税不收银钱，只收鹿皮。鹿皮，是当时中国台湾的主要输出物资，在 1638 年的高峰时期，荷兰从中国台湾仅输往日本的鹿皮就达 15 万张。

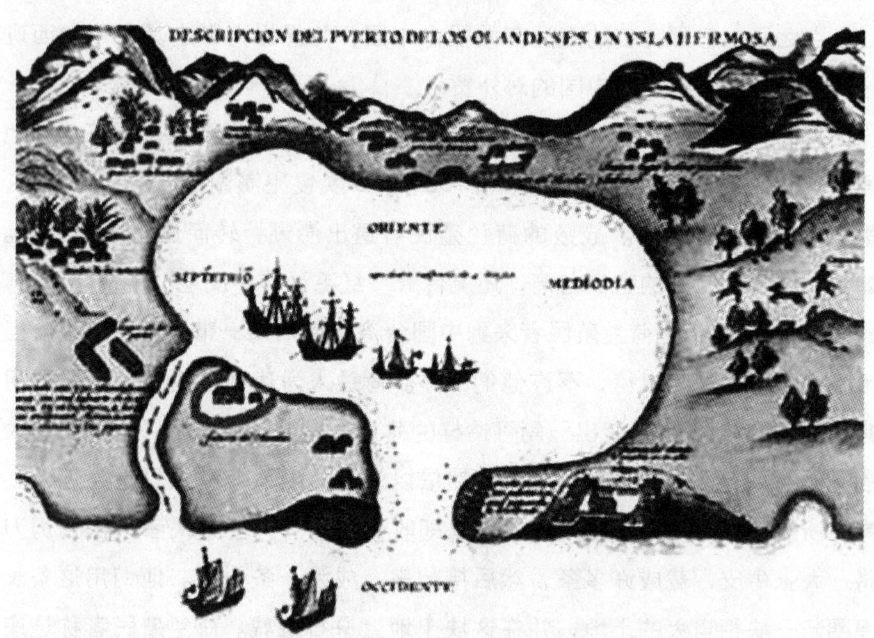

郑成功登陆台湾时，荷兰人的守备状况。 8－3

荷兰殖民者在台湾建立教堂，开办学校，推行奴化教育。高山族人每天必须去听课，“不然要罚捐一张鹿皮或其他学校教师可用的东西”。

■1841 年，英国人詹姆斯·布鲁克被任命为沙捞越地区的总督。

□1841 年 7 月 13 日，英、法、俄、普、奥五国在伦敦签订海峡协定，规定和平时期黑海海峡不准军舰通过。

荷兰殖民者还使用鞭打、监禁、流放和“火烙”、“车裂”、杀头等酷刑来残害中国人民。他们特制一种陷阱，里面放着各种毒蛇，把他们认为的所谓“叛逆”，扔进陷阱里，让毒蛇咬死。

荷兰殖民者的残酷统治，激起台湾人民的强烈反抗。1652 年（清顺治九年），中国台湾爆发了以郭怀一（郑成功父亲郑芝龙的旧部）领导的抗荷武装起义。这次起义因为叛徒的出卖很快失败，郭怀一在作战中牺牲，副指挥龙官等 9000 多人被杀。事后，荷兰殖民者又杀死数以千计的男人、妇女和儿童，犯下了滔天罪行。

赤嵌楼　　8-4

荷兰殖民者霸占中国台湾 38 年之后，1661 年 4 月 21 日中午，郑成功率兵 25000 人、大小战船数百艘，从金门料罗湾出发，经澎湖，进入鹿耳门，于 30 日拂晓胜利登岛，击溃了荷军的拦击，并乘势攻下赤嵌城。随即，郑成功向驻守热兰遮城的荷兰驻台总督揆一发出碟文令其投降。揆一

■1845 年 11 月 20 日，葡萄牙女王玛丽亚二世颁布敕令，宣布澳门为自由港，同时，她任命亚马留为新任澳督。
□1845 年 12 月，美国兼并得克萨斯。次年，美国获得俄勒冈。

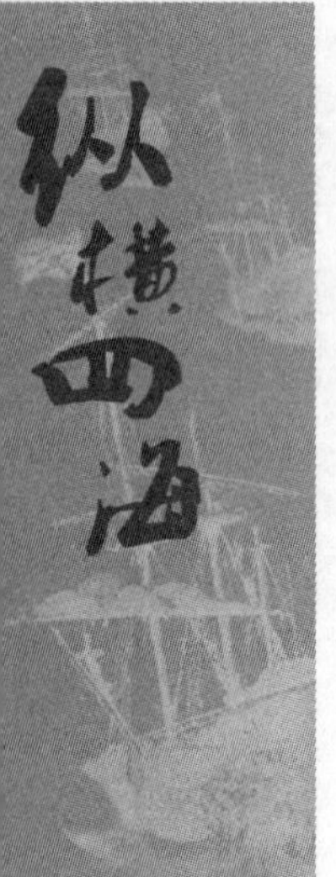

拒绝投降，并凭险作拼死抵抗。郑成功在数度攻城未果的情况下，改强攻为长期围困。1662 年 2 月 1 日，在郑成功强大的军事压力之下，揆一终于在投降书上签字。至此，沦为荷属殖民地达 38 年之久的中国台湾，重新回到祖国的怀抱。

人物小传

郑成功

郑成功，是我国明末清初著名的民族英雄，原名福松、森，号大木，福建南安县石井村人。他自幼善于思考、英勇有为。父亲郑芝龙是明末福建总兵。他的少年时代正处于中国的大动乱时期，所以，救国救民的思想在他心底里打下了深深的烙印。

1646 年秋，清军攻克福建，南明隆武皇帝遇害，在清朝大学士洪承畴的招抚下，郑成功的父亲认为明朝气数已尽，不顾郑成功的反对，只身北上向清朝朝廷投降。清军在这时掠劫郑家，郑成功的母亲田川氏为免受辱于清兵，切腹自尽。郑成功的父亲郑芝龙降清，郑成功曾苦苦劝阻，未能阻止，遂率部至南澳（今属广东），领军和清朝对抗了 15 年，是南明最主要的抗清势力，期间一度以大军包围南京，但功败垂成。

北伐南京失败后，郑成功所部元气大伤，并且面临军粮不足的问题。为了解决大军的给养，郑成功决定前往中国台湾。他率军渡过中国台湾海峡，击败荷兰东印度公司的军队并接收其领地，被侵占达 38 年之久的台湾地区终于重归祖国怀抱。他建立了中国台湾第一个汉人政权，史称明郑时期。他写下这首《复台》诗："开辟荆榛逐荷夷，十年始克复先基；田横尚有三千客，茹苦间关不忍离。"

郑成功收复中国台湾 5 个月后，接连听闻噩耗，加上在台将士水土不服、人心惶惶，使得郑成功内外交困，于1662年6月23日急病而亡，时年只有39岁。在他短短的一生中，几乎戎马半生，常置身于浪涛之间，或驰骋于疆场之上。对于他的功绩，人民给以极高的评价。中国台湾各族人民把他推崇为“开山之神”，誉之为“开山鼻祖”、“开山王”、“开台第一”，建祠立庙祭祀。在台湾省台南市，为了纪念这位民族英雄，修建了“明延平郡王祠”和“赤嵌楼”。

由雕塑家杨英风制作的郑成功雕像　8-5

历史事件特写：郑成功收复中国台湾

1661年4月21日，郑成功披甲执剑，率领大军浩浩荡荡从金门料逻湾扬帆出发，凌波越海去收复中国台湾。

全军将士齐心协力，顶逆风，冒急雨，排巨浪，船队继续向东南进发，4月29日黎明直抵中国台湾海岸线外。船队避开了赤嵌城海岸，绕道从鹿耳门登陆。在他登陆的第三天，殖民总督揆一派战将阻击，被郑成功的军

队打死，再派援军，又被歼灭。在中国台湾民众的支援下，郑成功首先夺取了荷军防守薄弱的赤嵌城（台南市内）。

荷兰总督揆一见势不妙，便玩弄缓兵之计，表示愿意年年纳贡，被郑成功断然拒绝。郑成功鉴于中国台湾城池坚固，强攻一时难以奏效，为了减少部队伤亡，进一步做好准备，决定采取长围久困且耕且战的方针。他一方面派提督马信率兵驻扎台湾街围困荷军，一方面把各镇兵分散到各地屯垦，以解决军粮不足的困难。

被围荷军粮草匮乏，士气低落，不少士兵吃了发霉的食物而中毒，有一些还患有各种疾病，战死、病死、饿死者达1600多人。经过9个月的围攻，荷兰人弹尽粮绝，最后不得不挂白旗投降，派人送出了投降书。1662年2月1日，举行了受降仪式。荷军交出了所有城堡、武器、物资，包括伤病员在内的约900名荷兰军民最后由揆一率领，乘船撤离中国台湾，中国台湾重新回到祖国的怀抱。郑成功收复中国台湾后，建立了新的行政机构，为收复和开发中国台湾作出了重大贡献。

酷睿点评

16世纪初，葡萄牙、西班牙、英国、荷兰等西方殖民国家开始把魔爪伸入南海和南洋群岛，在惊人的利润刺激下，西方冒险家蜂拥而至，上演了疯狂的掠夺场景。

同时，这里也是海盗们的乐园。只要看一眼东南亚地图，你就会发现，这个地区散布的众多群岛正是海盗们活动的理想场所，在风光旖旎的大海上，海盗们上演了一幕幕惊心动魄的故事。

失落的光荣与梦想：中国海盗

在欧洲海盗和日本海盗之前，在中国水域里就有中国海盗在活动。在中国，海盗大多是沿海地区居民，他们在倚靠海洋谋生时会从事抢劫活动，但也反抗官府和土豪，被称为海贼、海寇。秘密的海盗团体和按军事化方式组织起来的海盗舰队拥有几百艘船舶和几万名不怕死的士兵，有时连皇帝也惧怕他们三分。

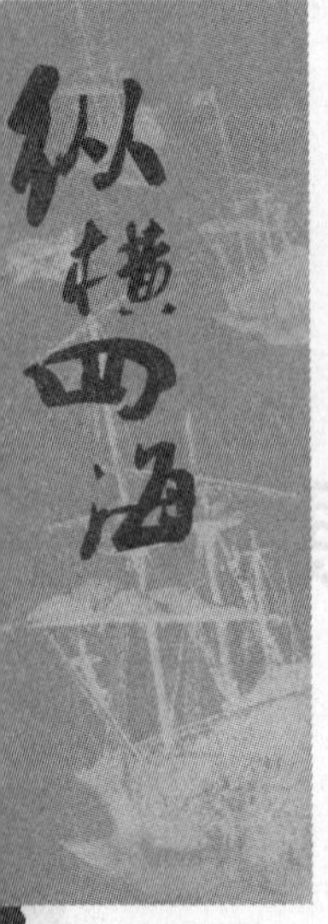

在中国，海盗大多是沿海地区居民，他们在倚靠海洋谋生时会从事抢劫活动，但也反抗官府和土豪，被称为海贼、海寇。

中国海盗的祖师爷孙恩

东晋末年，孝武帝与安帝昏庸无能，司马道子及其子元显专权，爆发了几次争夺权力的武装冲突。统治集团多年混战，破坏社会经济，祸国殃民，阶级矛盾激化，人民起义此起彼伏，终于爆发了孙恩和卢循领导的海上大起义。

从公元399年至411年，前后历时长达13年，有近百万人的海盗大军，军队转战长江以南广大地区，纵横东海、南海两大海域。如此波澜壮阔的海上武装起义，在中国海盗史上是前所未有的，孙恩、卢循海上叛乱被称为“中原海寇之始”。

孙恩一家世世代代信奉五斗米道。五斗米道是东汉顺帝时候由张陵创立的，信教的人要交五斗米，用作互相帮助的基金。东晋末年，浙东一带的农民被剥削得贫困不堪，大家都把希望寄托在宣传五斗米道的孙泰、孙恩身上，信教的群众越来越多。此后，孙泰又先后做了东晋的徐州主簿、新安太守。恰好在这时，发生了我们前面讲到过的王恭叛乱，孙泰借这个机会，以征讨王恭为名，一下就组建起了一支几千人的队伍，还聚集了大量钱财物资，显露了他在三吴地区的影响力和号召力。

五斗米道的发展，引起了东晋朝廷的不安。会稽王司马道子让朝廷把孙泰流放广州。孙泰到广州以后，继续宣传五斗米道，组织农民群众。东晋朝廷更不放心了，就把孙泰召回，让他做徐州主簿，后来又升为新安太守，妄图用利禄控制五斗米道。哪里知道，随着孙泰的转移，五斗米道的

■399年，孙恩起义，自称征东将军，给自己的队伍起名“长生人”。

□399年，东罗马小亚弗吉尼亚省爆发奴隶、隶农及蛮族雇佣军起义，席卷小亚大部分地区。

势力发展得更广更快了。东晋政府慌了手脚，赶紧下令杀了孙泰。

孙恩逃到海上，沿海一带的教徒也派人到海岛与孙恩联络，送去给养。孙恩的势力很快就在海岛上重新发展起来。起兵不过几个月，孙恩已募得10万兵众。他自称征东将军，给自己的队伍起名“长生人”。

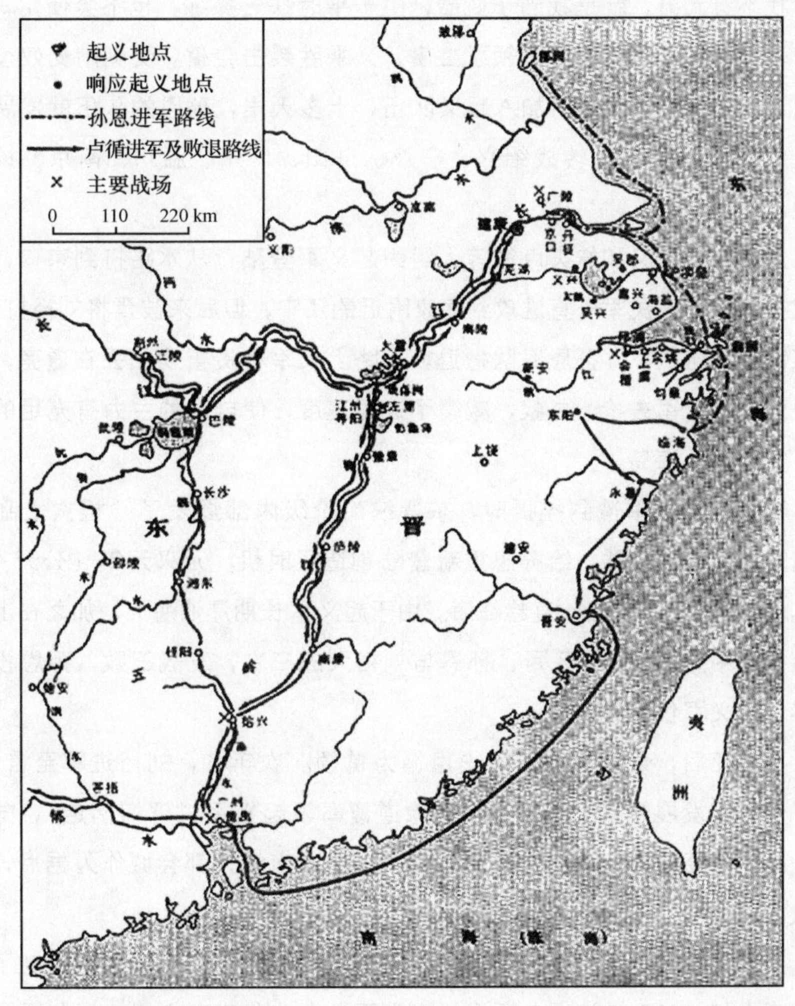

孙恩、卢循起义示意图　　9－1

■402 年 3 月，孙恩兵败，投海自尽。

□402 年，西罗马大将斯提里克于波伦西亚击败西哥特王阿拉里克，但授予阿拉里克军衔，西哥特人遂迁出意大利，西罗马的政治中心移到拉文那。

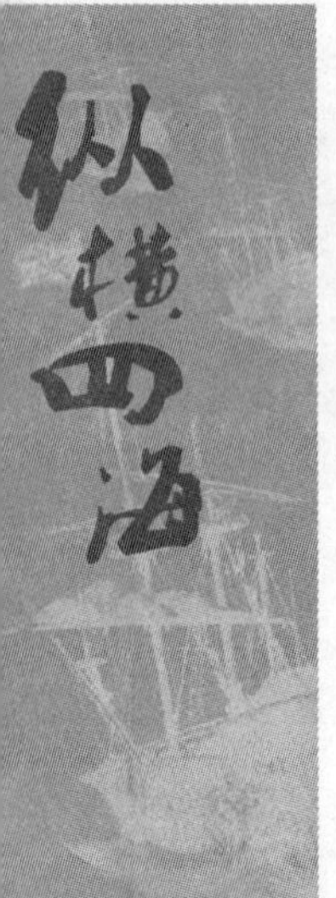

正当孙恩在海岛上发展势力的时候，东晋统治集团正在激烈地争权夺利，互相攻杀。孙恩乘机从海上登陆，向上虞发动进攻。守卫在上虞的东晋官兵，还像往常一样，毫无戒备地缩在被窝里睡觉。哪里知道孙恩带领道徒，乘官兵不备，已经打开城门，杀了进来。官兵发觉以后想要抵抗，一时找不着武器，就是找到了武器，由于平时缺乏操练，也不会使用，结果乖乖地做了俘虏。孙恩占领了上虞，又乘胜袭击会稽。受剥削受奴役的农奴、佃客、农民，纷纷加入起义队伍，十多天里，孙恩的队伍就发展到了几十万人。后来他转战绍兴、宁波、舟山、台州、温州、南京、扬州等地。

后来，孙恩又和妹夫卢循等人组织起义军登陆，从水路打到京口，准备攻打建康，农民军一直进攻到建康附近的江宁，但后来被晋将刘裕打败。在强敌的高压之下，孙恩率队撤退，一路上义军将贵重物品丢在道旁，让贪财爱钱的官军去抢、去找，减缓了进军速度，使自己的主力有充足的时间，安全退入海岛。

当孙恩起义军遭到挫折时，东晋统治阶级内部爆发了“桓玄之乱”。统治阶级内部的火并，给孙恩重新登陆创造了时机。元兴元年（公元402年），孙恩第四次登陆，直趋临海。由于起义军长期漂泊海上，加之在上次军事行动中元气大伤，3月，孙恩与刘裕大战三次，三战三败，孙恩投海自尽，起义军仅存数千人。

孙恩死后，余众推孙恩妹夫卢循为首领。次年冬，刘裕进军至晋安，为了保存和发展起义力量，卢循、徐道覆率领起义军“浮海南走”，向广州地区作战略转移。攻占广州后，卢循以这座南海大都会城作为据点，建立政权。

义熙元年（公元405年），桓玄被杀，刘裕迎晋安帝复位，控制了东晋朝廷大权。410年初，卢循乘刘裕率领主力北伐南燕之机，兵分两路北上，十多万大军直指建康。刘裕得到消息，慌忙回师南归，他自己只带几十人的精锐部队，于4月间赶回建康。卢循由于多疑少决，行动迟缓，失

■411年，卢循兵败，投水而死。

□412年，西哥特王阿陶勒夫率部自意大利北进，越阿尔卑斯山进入高卢，攻克土鲁斯、波尔多等地。

去有利战机，让刘裕赢得了周密部署的时间。卢循屯兵建康城下达两个月之久，师老兵疲，粮食给养都发生困难，只好退兵，而在退兵途中又多次为晋军所败，伤亡惨重。为了挽回危局，卢循收集散卒数千人，向广州转移，徐道覆也退保始兴。但是刘裕早已派兵从海道南下攻占广州，抄断了起义军的后路。411 年 2 月，晋军攻破始兴，徐道覆英勇牺牲。

义熙七年（公元 411 年），进退无路的卢循只得率军进攻交州（今越南河内东天德江北岸），被交州刺史杜慧度击败。卢循见大势已去，投水而死。

人物小传

刘裕

刘裕（363—422），字德舆，小名寄奴，庙号高祖。彭城绥舆里（江苏省铜山县）人。南北朝时期宋朝的建立者，史称宋武帝。中国历史上杰出的政治家、卓越的军事家、统帅。

刘裕幼年时，家境已十分贫困。不过，刘裕少有大志，一心想做一番惊天动地的大业。带着如此雄心壮志，刘裕年轻时从军，成为东晋北府军的下级军官。他生活的东晋时代，政治十分腐败和昏暗，终于引发了东晋历史上著名的孙恩、卢循起义。这时，刘裕正在东晋将领刘牢之军中。起义爆发后，刘牢之奉命前去镇压。刘裕此时已因有勇有谋受到刘牢之的赏识。刘裕在交战中善于用计，使起义军受损惨重。刘裕从此起家，成为东晋一员虎将。淝水之战中，他因有“军国才用”，出为辅国将军，以精卒八千，和其从兄谢玄一道立下了汗马功劳，被封为望蔡公。

恭帝元熙二年（公元 420 年）刘裕代晋称帝，国号宋，改元永初。他在称帝前后，注意节俭，整顿东晋朝纲弛紊的局面，抑制豪强。在生活上刘裕崇尚节俭，不

爱珍宝，不喜豪华，宫中嫔妃也少，而且他还能不忘穷时，当年做工时种地的家什农具，一直保存在身边，至死没有改变。

刘裕在位仅两年，便于公元 422 年在建康去世。终年 60 岁。

历史上悬赏最高的通缉犯陈祖义

陈祖义本是广东人，洪武年间跑到现在的南洋，盘踞马六甲十几年，成为世界最大的海盗集团头目之一，成员最鼎盛时期超过万人，战船近百艘。活动在日本、中国台湾、南海、印度洋等地。陈祖义为人凶暴，他纠集了一帮海盗，横行海面，劫掠超过万艘以上的过往船只，明朝有 50 多座沿海城镇被其攻陷过，南洋一些国家甚至向其纳贡。为此，明太祖朱元璋曾悬赏 50 万两白银要陈祖义的首级。永乐年间，赏金更是高达 750 万两。

后来，他逃到了三佛齐（今属印度尼西亚）的渤林邦国，在国王麻那者巫里手下当上了大将。国王死后，他召集了一批海盗，自立为王，陈祖义成为了渤林邦国的国王。三佛齐农业发达，旧港又是一个商贸中心，人称“一年种谷，三年生金”；自从海盗为患，商业萎缩，与中国的正常往来也受到阻碍。

1406 年，第一次下西洋的郑和船队在回航时抵达当地。陈祖义的海盗行径早已引起当地华侨不满，对陈祖义一伙海盗恨之入骨。当郑和船队到达旧港后，当地华侨报告郑和，要求郑和惩罚海盗。郑和当然明了，陈祖义在旧港已盘踞了几十年，根基颇深，绝非轻而易举便可消灭的，所以当郑和首次出航时，以先完成去西洋使命为上，不去惊动陈祖义。这本是高明的一着，否则，难免会出现初次出师受阻的局面。所以郑和不想动武，还是想规劝陈祖义改邪归正，将他招安。于是，郑和派人对陈祖义进行诏

■1406 年，第一次下西洋的郑和生擒陈祖义。

□1406 年正月，明派使者出使日本，又出兵进攻越南，陷河内。翌年，明军进犯清化，越南北部受明朝控制。

谕，向他宣读了明朝皇帝的诏书，要他改过自新。

而陈祖义认定郑和浩浩荡荡的船队中“有宝物”，于是派人向郑和表示他想投诚，其实陈祖义是想诈降，然后一举抢夺郑和的船队。陈祖义没有料到，郑和对他早有提防。陈祖义的这些花招根本逃不过郑和的眼睛，郑和之所以没有立刻揭穿陈祖义，是因为他决定将计就计，设置一个更好的圈套让陈祖义跳进去，等到他把四周的海盗都找来，才方便一网打尽。

陈祖义率众海盗来袭时，郑和早有准备，用火攻烧毁海盗船，杀海盗5000余人。此后郑和的海军又设法将陈祖义等三人生擒，囚于船中回京。永乐五年（公元1407年）九月郑和回国，并把陈祖义押回朝廷，朱棣下令当着各国使者的面杀掉了陈祖义，并斩首示众，警示他人。

郑和对旧港陈祖义势力的消除，保障了西洋航运的畅通。此后，类似情况再也没有出现过。

人物小传

郑和

郑和（1371—1433）本姓马，回族，1371年（明洪武四年）出生在云南昆阳州一个信奉伊斯兰教的家庭。元朝开国英雄赛典赤·赡思丁的后代，郑和父亲与祖父均曾朝拜过伊斯兰教的圣地麦加，熟悉远方异域、海外各国的情况。从父亲与祖父的言谈中，年少的郑和已对外界充满了强烈的好奇心。11岁时被明朝讨元军队俘虏，遭阉割后，随明军辗转南北，后分配到北平燕王朱棣府中服役。

郑和不仅聪明，而且知书达理，吃苦耐劳，深受朱棣赏识。后因他在“靖难之役”中有功，成为朱棣夺取政权即位称帝的主要功臣之一。朱棣登基后，提拔他为内官监太监，负责宫廷建设和物资供应，并赐“郑”

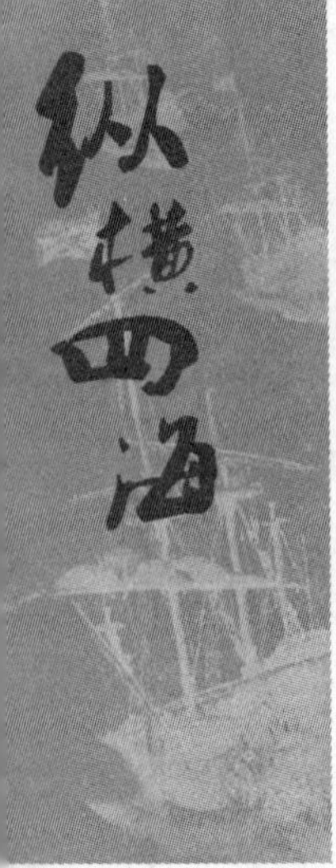

姓，遂更名郑和，史称“三宝太监”。

郑和画像 9－2

明永乐三年（公元1405年），郑和受朱棣之命第一次出使西洋。此次出洋行经占城（今越南南部）、爪哇、苏门答腊、锡兰（今斯里兰卡），经印度西海岸，历时两年回国。此后又先后六次下西洋，其中明宣德六年（公元1431年），他第七次出使西洋。此次航行访问了17个国家，并到伊斯兰教圣地麦加朝圣。1433年4月，郑和在返航途中，因过度劳累去世。

郑和28年间七次出使，先后访问过37个国家，行程10万余里，立下不朽的功勋。这七次航行的规模之大，人数之多，组织之严密，航海技术之先进，航程之长，不仅显示了明朝国家的强大，也充分证明了郑和统率千军的才能。后人提到开发海洋、科学航海、中外关系都忘不了这位先贤的功劳。民间故事《三宝太监西洋记通俗演义》将他的旅行探险称之为“三宝太监下西洋”。

两面三刀的方国珍

方国珍是黄岩人（今浙江临海县），他家世代为水上人家，并以贩卖私盐为生。史书说他“身长七尺，貌魁梧，面黑体白，坚毅沉勇，力逐奔马”。

元末，浙江沿海地区多灾多难，烽烟四起，英雄辈出。元朝至正八年（公元1348年），浙海上出现了一伙海盗，他们以蔡乱头为首。元朝派兵追捕，黄岩一带的人民吃尽了苦头，经常被指控为蔡乱头的同党而遭殃。

■1540年，王直在广东私造双桅大船，从事走私活动。

□1540年12月，西班牙人奥雷连纳开始顺亚马逊河的探险航行，1541年8月，抵达河口。

方国珍有一个姓陈的冤家，也乘机诬告他是蔡乱头的同党，方国珍一怒之下将姓陈的杀了。元兵前来追捕，在走投无路的情况下，只好和哥哥国璋、弟弟国瑛、国巩等入逃到海上，聚集了几千人，劫夺海运，扣留元朝官吏。

元朝廷听说方国珍作乱浙江，大为惊恐，立刻派遣大军讨伐。结果不但不能取胜，反而损兵折将，连领兵将领朵儿只班也被方国珍部下活捉，方国珍命令朵儿只班上奏元朝廷，封他做了定海尉。方国珍回到了自己的家乡黄岩，继续招兵买马，势力越来越大。手里有了军队，方国珍便一次又一次要挟元朝，要政府给他加官晋爵，双方讨价还价，关系反复无常。以后在一段相当长的时间里，方国珍一直玩弄着两面派手法，扮演着不光彩的角色。

自从河南安徽出现红巾军大乱后，元朝为把守长江口，招收水军。方国珍一向多疑，他想朝廷整顿水师就是对付自己，自己岂能受制于人，索性再次造反。他定计杀了元将泰不花，攻陷浙江台州，放火烧了江苏太仓。元朝廷此时面对四方义军蜂起，已疲于应付，只得采取以毒攻毒的计谋，对杀人放火的方国珍再次招安，任命他当了浙江省参政。元朝廷命他急攻张士诚。方国珍出兵，七战七捷，让张士诚吃了许多苦头。

方国珍雕像　　9-3

后来，他投降朱元

■1559 年 12 月 25 日，王直被明廷处死。
□1559 年，书画家文征明卒，终年 89 岁。文与祝允明、唐寅、徐祯卿合称“吴中四才子”，他的学生形成“吴门派”。

璋，被授任为福建行省平章。同时他继续接受元朝封职，并不断由海路运粮食接济大都。方国珍是个典型的机会主义者，从至正八年（公元 1358 年）起，三次降元，又三次反元。至正二十七年，朱元璋派兵攻入浙东，他投降朱元璋，并帮助其抢劫粮运，在推翻元朝的武装斗争中起了一定作用。

明朝洪武二年（公元 1369 年），方国珍被任命为资善大夫、广西左丞相，但不得实官，仅食禄而已，赐第应天（今江苏南京）。后病死于此。他死后朱元璋亲自设祭。

人物小传

朱元璋

明朝开国皇帝朱元璋，字国瑞，生于元文宗天历元年（公元 1328 年）九月。朱元璋是一个出身微贱的皇帝，也是一个最富有传奇色彩，争议最多的皇帝。朱元璋原名重八，后改为兴宗；参加元末农民起义后改名为德裕，最后再改名为元璋，字国瑞。

朱元璋的祖籍本是江苏沛县，家里几代人都以种田为生。朱元璋幼时曾为地主放牛。至正四年（公元 1344 年）淮北大旱，朱元璋的父、母、兄先后去世，他不得已而入皇觉寺当行童。入寺不到两个月，因荒年寺租难收，寺主封仓遣散众僧，朱元璋只得离乡为游方僧。

方国珍小海盗船与元军海战图　9－4

25 岁时参加郭子兴领导的红巾军反抗蒙元暴政，朱元璋入伍后，因为他作战勇敢，而且机智灵活、粗通文墨，很快得到郭子兴的赏识。郭子兴死后朱元璋统率郭部，任小明王韩

■1628 年 9 月，郑芝龙接受明朝福建巡抚熊文灿招抚。

□1628 年，陕西百姓因灾荒、赋重，相继起义，高迎祥称“闯王”，为首领。

林儿的左副元帅。接着他以战功连续升迁，龙凤七年（公元1361年）受封吴国公，龙凤十年自称吴王。

元至正二十八年（公元1368年），在基本击破各路农民起义军和扫平元朝的残余势力后，朱元璋于南京称帝，国号大明，年号洪武，在位31年（1368—1398），建立了全国统一的封建政权。

朱元璋创建明朝后勤奋治国31年，整肃吏治，严惩贪官，创立卫所，巩固边防。朱元璋为明朝制订了包括《大明律》在内的一系列严格的典章制度来约束众臣。他还非常注意减轻民间普通百姓的负担，在主政期间，基本上实现了轻徭薄赋，同时多次救济灾民。但同时，他大兴冤狱，诛杀功臣，设立锦衣卫，对官民实行残暴的专制统治，废除丞相制，抑制贤能的辅佐，使权臣和宦官更容易控制政权，导致明末宦官专权。

洪武三十一年闰五月初十（1398年6月24日），朱元璋驾崩于应天皇宫，葬紫金山孝陵。

亦商亦盗说王直

中国是一个兼具陆海的大国，既有光荣的海洋发展传统，也遭受过从海洋退却的严重挫折。明初，朱元璋因江浙等地百姓曾协助方国珍、张士诚与其争夺天下，严禁百姓出海。永乐三年（1405年），市舶司恢复，海禁有所松弛，到嘉靖二十六年（1547年），明朝出现了一个相对自由的贸易时期，人们互通有无，各取所需，海上贸易相对繁荣。

嘉靖后期，由于赋税过重和官吏、豪绅的盘剥，江浙一带民不聊生，大批流民前往海外谋生。沿海海防官员故意夸大其词，使明中央政府错误地将出海经商的都认作“通番奸民”，进而加紧海禁。

15世纪末的“地理大发现”以后，欧洲国家纷纷东来，海外贸易的需

■1644年，清兵南下，郑芝龙投降清朝。

□1644年7月，英国国会将领克伦威尔率“铁骑军”在马斯顿荒原大败国王军，一举扭转了战局。

求迅猛增长，海禁政策愈来愈不合时宜。哪里有贸易壁垒，哪里就有走私。明朝的海禁政策执行得越严厉，来自中国的商品就越稀缺、越珍贵，走私贸易的利润也就越高，走私集团的动力和经济实力也就越强。在明政府厉行海禁，残酷打击海上贸易的情况下，一些海商为了生存和发展，不得不武装起来，组成武装海商集团，以对抗官军的追捕和残杀，这些人，就是所谓的海寇。

谈到明代嘉靖年间东南沿海的“倭寇”，首当其冲的代表人物就是王直。16 世纪 50 年代，王直在东南海上建立了一支势力强大的武装集团，控制了从日本通往南洋的水域，建立起一个海上王国。这个海上武装集团的成员，绝大部分原是中国东南沿海的居民，也有少数日本人参加。王直自称“徽王”或“净海王”，过往中外船只，只有在他的允许下，打着他的旗号，方敢在这一带海上行驶。明王朝把这个武装集团视为海盗，甚至与倭寇混为一谈，对他们进行了长达五六年的清剿。

王直（？—1559），《明史》亦做汪直，号五峰，南直隶徽州府歙县结林人。这个被称为“倭寇王”的人物，其实是一个从事海上走私贸易的徽州商人。15、16 世纪，徽商在中国商业界是最强大的势力之一，足迹遍天下。王直的家世不详，他最早靠与同乡徐惟学合伙贩卖私盐起家，失败后又到浙江、福建沿海地区从事其他走私活动。明嘉靖十九年（公元 1540 年），王直又在广东私造双桅大船，从事硫磺、硝石、生丝和棉布等政府禁运物资的走私活动，频繁来往于日本及中国东南沿海，甚至泰国一带。

王直羽翼未丰，投奔了徽州老乡——盘踞在宁波双屿岛的许栋集团。这个集团以武装保护为挡箭牌，抗拒朝廷缉捕和海盗袭击，大规模从事海外贸易。王直精明能干，在许栋手下先做管商业的“管库”，又做管军事的“管哨”，成为主要头目。

许栋因从事海盗活动相继被明军剿灭后，王直便自立为船主，成为流民商业集团的首领。经过不断征战和与明朝地方官员的私下勾结，王直逐渐获得了中日之间海上贸易的垄断地位，新入海通番的船只都只有悬挂

“五峰”旗号才敢在海上行驶。

王直虽已成为财厚势大，人众船多的海商集团首领，但他并不想与明朝政府相对抗，而是“叩关献捷求通市”。他一心一意想得到明朝政府的批准，在海上从事合法的贸易活动。但顽固地执行海禁政策的封建王朝，不仅不答应王直的通商互市要求，反而相继派朱纨等人清剿浙江沿海流民武装，王直只好将活动基地迁至日本。

日本各诸侯的对外贸易政策为王直提供了客居的良好条件。王直善于拉拢、结交朋友，取得了许多日本人的信任，他定居日本平户（今属日本长崎县），挂起了“徽王”的旗号。1552 年，王直杀回中国，浩浩荡荡带领舰船百余艘，并在浙江沿海设营，联络三百里，数次打败外强中干的明军。

王直财厚势大，武装精良又足智多谋，什么人能使他落入法网？是王直的同乡——另一个徽州人胡宗宪。明嘉靖三十五年（1556 年），明朝政府任命胡宗宪为浙江总督。嘉靖皇帝决心一定要剿除匪患，对贼首绝不轻饶。此后，随着抗倭战争的推进，胡宗宪又被朝廷任命为兵部左侍郎兼都察院左佥都御史，总督南直隶、浙、福等处军务，并兼任浙江巡抚，集中负责东南沿海的抗倭重任。

胡宗宪一边派遣辩士蒋洲、陈可愿，以及先前与王直友善者多人，出海招抚王直，一边大搞心理战术，派人把关在金华监狱的王直母亲、妻子接来杭州，并予以物质上的厚待。过了几天后，胡宗宪要王直母亲写信劝王直归降。

明嘉靖三十五年（1556 年），王直派人传话给中国政府，表示愿意听从命令，协助剿除松江各处流民，并希望以此换得明政府开放沿海贸易的许诺。胡宗宪故意制造出一种双方议和的气氛，将王直诱捕。王直入狱后两年，被朝廷下令斩杀于杭州官巷口，至死不屈。

嘉靖三十八年（1559 年）十二月二十五日，王直被明廷处死。朝廷背信食言，巡抚胡宗宪出尔反尔，致使“倭寇王”王直临刑叹息：死我一人，恐怕苦了两浙百姓……

王直的死，并没有使“倭患”消停，恰恰相反，这件事激起他的部下极大的怨恨和疯狂的报复，“倭患”愈演愈烈。王直是为了求得海上走私贸易合法化而投降的，他的死并没有解决这个问题，海禁与走私的斗争愈来愈尖锐了。

明末“海上之王”郑芝龙

郑芝龙，是中国历史上不多见的身兼商、盗、官三种名分与经历的奇人。在海上拼搏几十年，演出独具特色的三部曲：早年离乡背井闯世界；继而当海盗，兼营海商，亦商亦盗；最后由盗而官，亦商亦官。他从事海商活动范围广泛，从海上到陆地，从国内到国外，同葡萄牙人、西班牙人、荷兰人有过接触。在海外商业竞争中，他善于经商，大获其利，成为富可敌国的大海商。当海盗时，他拥有千艘舰船与十万部众，入仕明王朝后控制各种海船万艘，能号集大海船三千艘，可称之为世界史上第一个船王。

明万历三十二年（1604 年）郑芝龙生于福建南安一名小吏的家庭，其父郑绍祖系泉州府库吏。库吏的收入本来就很微薄，当几个兄弟相继降生后，郑家的生计益发难以维持。郑芝龙作为长子在十几岁时就离家外出谋生，先是到澳门一位葡萄牙商人家作佣人，后又受雇于在台湾殖民的荷兰人。多年的闯荡，使得这位从小就有冒险精神的年轻人大开眼界。在他 20 岁时，他又搭上一条开往日本的商船，从此郑芝龙便往返于台湾与日本平户（日本长崎附近）之间贩货经商，且在平户娶妻生子。

在日本，郑芝龙很快摆脱了困境。他擅长交际，结识了几位日本政要人物和寓居华人。其中，李旦和颜思齐是扶助郑芝龙起家发迹的两位关键人物。

李旦，福建泉州人，他“以商船为事”，经营海外贸易，经商致富，后航海到日本贸易，侨居长崎平户，拥有住所、商行和多艘商船。他的商船往来台湾、厦门和澳门等地，远航柬埔寨、交趾支那，进行商贩贸易。郑芝龙随同李旦到日本，曾寄身其门下，李旦死后，郑芝龙继承他的海商事业，从事海外贸易活动。

另一位，颜思齐是17世纪东亚海上的知名海盗。早年因遭宦家之辱，杀其仆人而逃往日本。在日本数年之后，家境逐渐富裕，又仗义疏财，广交豪杰。后来他带了28个人，驾13艘船扬帆返国，想要干出一番事业，这其中就有郑芝龙。

人物小传

颜思齐

颜思齐（1589—1625），字振泉，福建海澄县青礁村（现属厦门海沧区）人。明万历四十年（1623年），思齐遭宦家欺辱，怒杀其仆，逃亡日本，在日本，他通过各种渠道经商，逐渐积蓄了巨大的财富。这期间，思齐结识了一批流寓日本，从事海外冒险的闽南志士。

明天启四年（1624年），颜思齐等因不满日本德州幕府的统治，密谋起事造反，不幸事泄，幕府遣兵搜捕。情急之下，他义无反顾地率众乘着13艘船只出逃海上，历尽惊涛骇浪，抵达中国台湾的笨港（今台湾北港）。颜思齐见岛上地肥水美、大片荒野未辟，决意在此开疆拓土，干一番事业。在刚刚站住脚跟之后，他就多次派人到漳州、泉州等地招募人众，前后组织3000余人移居到台。颜思齐将垦民分成十寨，发给银两和耕牛、农具等，开始了台湾最早的大规模拓垦活动。因而被尊为“开台王”、“第一位开拓台湾的先锋”。

天启五年（1625年）九月，颜思齐和部众到诸罗山捕猎，回来时欢饮过度，感染风寒，医治无效，数日后去世，年仅37岁。

船队直驶中国台湾，入据北港，建立基地，进行海上活动。此后，郑芝龙在众人的帮助与支持下，大显身手，从事海上亦商亦盗的活动。天启五年（1625 年），颜思齐病逝，众人推举郑芝龙为新首领。郑芝龙继承颜思齐的地位与事业，以中国台湾为海上活动基地。据荷兰人估计，至 1628 年时，郑芝龙已拥有约由 1000 艘戎克船（戎克船即为中国帆船。戎克即为 Jnnk 的汉语翻译，相传该船于公元前 200 年的汉朝已出现。经改良后，直至 20 世纪初仍活跃于中国近海，多用来贸易载运。）所组成的庞大舰队。其后郑芝龙扫荡中国台湾海峡，先后除掉李魁奇、杨六、杨七、刘香等海上对手，更是成为海上之主，称霸于中国台湾海峡，控制了通往南洋、台湾、日本各方面的航路。由此船舶不悬挂郑氏令旗不能往来。每艘船必须交银三千两，每岁收入千万计，郑芝龙以此富可敌国。他还在泉州城南三十里，建立了安平镇，郑芝龙在此筑城，建造府第，作为根据地，船舶可以径达城下。郑芝龙还派遣商船队往还日本、台湾、马尼拉等地，终于成为荷兰人的贸易劲敌，压倒了荷兰人的制海权，使荷兰人占领下的台湾贸易遭受重大损失。

明崇祯元年（1628 年）九月，郑芝龙接受明朝福建巡抚熊文灿招抚。后被明朝升为福建副总兵，成为福建水师的主帅。这样，郑芝龙就完成了一个从海盗到明朝海防将军的转变过程。郑芝龙在历经 4 年的海盗生活后，终于衣锦还乡。

明朝政府困于“流寇”和“北虏”之乱，再无实力可以过问东南沿海了。从此以后，作为海外华商首领之一的郑芝龙同时也是福建水师首领，华商第一次拥有一支实力巨大的军事力量服务于商务开拓。

崇祯十七年（1644 年），清兵南下，郑芝龙又投降了清朝。他的儿子郑成功却坚决不从，郑芝龙的部将周鹤芝不惜以自刭强谏，也没有感动他。最后郑芝龙带着 500 名亲兵到清营投降。

清兵占领平安镇之后，大肆淫掠。郑成功率领那些矢志抗清的将士到南澳（今广东省南澳县）誓师抗清复国。

郑芝龙投降后，并没有得到闽广总督的官职，而是被关到北京软禁起来。朝廷让他派人劝降郑成功，于是他接二连三地向郑成功派去说客。三次劝降均未奏效，清廷自感无计可施，使出了最后一招。为了进一步逼迫郑成功投降，清廷把郑芝龙投入监狱。郑成功给郑芝龙写信说："从来父教子以忠，未闻教子以贰。今父不听儿言，倘有不测，儿只有编素（戴孝）而已。"表达了抗清到底的决心。

清廷见郑芝龙已无技可施，就于康熙元年（1662 年）将郑芝龙全家 11 口全部杀死。

历史事件特写：郑和生擒陈祖义

一天夜晚，天色漆黑，海盗在陈祖义的指挥下飞快地驶向郑和船队的锚泊地。海盗船离宝船越来越近，海盗们看到郑和宝船上的灯光都熄灭了，海盗们自以为偷袭得手，便迅速向其余海盗船发出信号，黑暗中陈祖义脸上露出得意的狞笑。海盗们加快速度，一窝蜂扑向宝船。

当海盗的快船队快接近郑和宝船时，郑和帅船上灯光突变，一盏红灯高高升起，霎时间，郑和船队全部灯火齐明，铁砂弹如雨滴般向海盗船袭来。明朝官兵勇猛冲杀，各种火器齐发，海盗们被突然的进攻打得晕头转向。几艘海盗船被炮弹击中，燃起烈火，当场被击翻或者烧毁，许多海盗落水，其余的掉转船头逃跑。

原来，郑和接到华侨施进卿的报告后，立即进行了准备。郑和船队故意熄了灯，灭了火，船队中的战船严阵以待。

当海盗头目陈祖义知道中计后，便指挥余下的海盗船掉头逃跑。郑和船队中的战船点燃火把，包围了海盗船。夜幕下的海面被火把照得通亮，一艘艘海盗船被郑和船队的战船团团围住。当战船靠近海盗船，战船上官兵奋不顾身，纷纷跳上海盗船。经过一番激烈的战斗，毙敌 5000 余人，烧毁其战船 10 艘，缴获 7 艘，生俘了首领陈祖义等 8 人。

酷睿点评

海盗也许是世界上最富争议的“反面角色”。在史书记载里他们烧杀抢掠、无恶不作，但在影视或文学作品中，他们的出现又颇具魅力。现在，当臭名昭著的索马里海盗正在大洋的另一边搅得“海无宁日”之时，我们也不可否认，在中国的漫长历史里也有海盗们的身影出没过。

在漫长的中国封建社会，各种事物都被纲常伦理烙上了难以磨灭的文化印记，海盗更多地被称作“海贼”、“海寇”，并彻底归入到文明秩序的对立面。

与恐怖主义联姻的恶之花：现代海盗

随着历史的变迁，海盗与社会中的其他任何事物一样发展迅速。到了今天，有一点可以肯定的是，现在的海盗已经不是人们想象中维京人戴着黑眼罩，手持长刀的样子，现代海盗比其前辈更强悍，出手也更狠，暴力倾向越来越明显，对海运和贸易造成的威胁日益增强。

现代海盗比其前辈更强悍，出手也更狠，暴力倾向越来越明显，对海运和贸易造成的威胁日益增强。

现代海盗重出江湖

随着工业时代的来临，各国海军实力大大加强，海岸巡逻更严密，靠帆船打天下的海盗终于碰上了蒸汽铁甲舰。隆隆的炮声过后，海洋恢复了宁静，海盗们再也没有了往日的辉煌，从18世纪末到19世纪初的相当长一段时间里几乎销声匿迹。人们渐渐忘记了那些葬身于冰冷海底和高高绞刑架的海盗们曾带来怎样的血腥杀戮。对现代大多数人来说，海盗是个陌生的词汇，海员碰上海盗的几率并不是很高。面对现代海盗的出现，人们显然缺乏心理准备。

1965年，希腊商船在中国南海岸附近一个荒无人烟的地区搁浅，光天化日之下，竟被劫掠一空。强盗是从海上来的，挂的是菲律宾国旗，毫无疑问，这只是伪装而已。另一艘希腊船“埃马努埃里”号1967年12月在易北河河口搁浅。为了逃生，船员们离开了该船。数小时后，库克斯港导航局在雷达荧光屏上发现，遇难船只附近有几个影子，当即派出一艘警察汽艇去“埃马努埃里”号处。但是，海盗效率非常之高，当警察登上该船时，它已经空空如也。

1998年12月，香港一艘名为“春桑”号的货船被劫持，船上的23名船员被带到甲板上排成队后遭枪击。后仅发现6具尸体，其余人的尸体恐怕永远也找不到了。

2005年6月28日，联合国世界粮食计划署租用的一艘运送救助印度洋海啸灾民的粮食船在索马里遭海盗劫持。幸运的是，经过长达3个多月的谈判，船上的10名工作人员获释。

■1931年2月，有史以来第一次劫机事件在秘鲁发生。

□1931年2月17日，中国左联作家胡也频、柔石、殷夫、冯铿等在上海龙华被国民党军警杀害。

2005年11月5日凌晨，索马里海域发生的一场游轮与海盗大战震惊世界。载有300多人的美国豪华游轮“精灵”号在印度洋遭到两艘海盗船的突袭。海盗们用火箭弹助推榴弹和机枪发起袭击。“精灵”号在身中3枚火箭弹后船舱起火，船上300多人危在旦夕。虽然游轮最终凭借非致命武器——“声弹”化解了危机，但一名船员受了轻伤。

2008年4月4日，一艘法国豪华游艇上32名船员和乘客被劫持，缴付赎金后获释。

2008年11月13日，一艘中国渔船被抢劫，船上有16名中国船员及8名日、菲、越船员。

2008年11月15日，索马里海盗轻松劫持了世界最大油轮沙特“天狼星”号。

频繁的海上犯罪事件唤醒了潜藏在人类记忆深处的恐怖记忆——海盗回来了。而更快的船，更具威力的武器都使海盗们变成了更凶悍、危害更大的暴徒……

在古代欧洲，海盗是个重要的社会角色。骷髅旗，黑色面罩，铁爪钩，三桅帆船，在小说的描述中，这是海盗的典型装备。那么今天的海盗又是什么样子呢？与他们的先辈一样，现代海盗干得也是无本的买卖。但除了骷髅旗偶尔还在继续飘扬以外，已由内至外发生了质的改变，需要人们用一种全新的视角去审视。与古代海盗打着骷髅旗，明火执仗地公然抢劫相比，今日海盗的设备更先进，甚至走上了现代化、国际化的道路。

今日海盗的作案工具主要是快艇以及现代武器和科学技术装备，他们的机动性、能量和破坏力绝非以往可比。他们装备有现代武器，如冲锋枪、火箭、鱼雷等。甚至有的还配备有大马力快艇、舰对舰导弹、AK－47冲锋枪等。他们甚至还拥有精确的雷达系统、全球定位系统、通讯卫星跟踪设备，可以对跟踪的船舶实施无线电干扰，使之与外界联系中断，以便下手。有的海盗船上还有电脑、移动电话和圆盘卫星天线等，

■1961年4月15日，古巴首都哈瓦那遭到美国的炸弹袭击。4月17日凌晨，1000多名古巴流亡分子在美国飞机和军舰的掩护下，在古巴拉斯维利亚斯省吉隆滩登陆，即猪湾事件。

□1961年4月21日，阿尔及利亚的法国驻军发动叛乱，反对政府让阿尔及利亚独立。26日，叛乱被戴高乐政府镇压下去。

可以通过电子邮件和互联网与世界各地的犯罪集团联系，随时获得“猎物”信息。

现代海盗组织，有的由国际犯罪集团控制，下设分支机构；有的仿照资本主义企业组织起来，有固定资本，有现代“管理机构”，由参与者入股分赃，雇佣团伙匪徒行凶作恶；有的海盗联合起来，统一行动，看起来更像是舰队作战。

由于经常在上述恐怖水域活动，一些有组织、久经磨炼的现代海盗已经掌握了一系列发动袭击的招数，他们乘着快艇迅速靠近船舶，把绳索扔上船，迅速顺着绳索爬上船，上船后先恐吓住船员，打开船上的保险箱，抢走值钱的东西，五六分钟内就跑掉了。根据调查，近85%的遇害者在海盗攻击前毫无觉察，直至海盗上船后才发觉。现代海盗更注重使用先进武器装备、交通工具和通讯手段，他们特别重视收集情报，设有专门收集情报的人员，了解他们将要抢劫的对象的各种细节情况，从指挥人员到水手等各种情况都要求尽量打探清楚。他抢劫得手后马上与总部联系，或者弃船而走，或按指令将船改换颜色、旗号、船舶证，并将船开往指定地点和接头者联系，整个过程很有计划性。

海盗的“生意”范围也不断扩大，不仅劫船掠货，还贩卖人口、参与走私，甚至勾结恐怖分子等。因此，现代海盗比其前辈更强悍，出手也更狠。近年来，海盗袭击联合国运粮船和多国游船的事件屡见不鲜。遭遇海盗袭击的乘客和船员通常都被直接扔下船，淹死在黑暗的大海里。船员即使不被海盗杀害，也往往被遗弃在汪洋中的小船或孤岛上，只能听天由命。

在世界最繁忙水道之一的马六甲海峡，严重海上袭击事件从2002年的11起增加到目前的24起，而小型的袭击则天天都有发生。世界90%的贸易依靠海运，有专家估计，仅仅是东南亚区域的海盗活动就使得世界经济每年损失250亿美元。算上全世界的海盗活动的话，损失将增加到700亿美元。海盗的抢掠活动还随时可演变成大型海难，造成非常严重的污染与生态破坏。一些海盗洗劫油轮后逃之夭夭，任油轮在海上随风漂移，一旦

■1998年12月，香港一艘名为“春桑”号的货船被劫持，船上的23名船员被带到甲板上排成队后遭枪击。
□1998年12月6日，第13届曼谷亚运会开幕。

船只受损、原油外泄，将造成大片海域污染，破坏生态环境。

除了造成经济和治安危害外，一些海盗袭击事件背后还可能隐藏着政治动机。传统海盗的目的只是为了抢劫财物，而恐怖分子袭击的目标不再仅限于油轮和商船，军舰、码头、港口、旅游胜地乃至居民聚集区都成为他们的袭击对象。特别是随着各国反恐力度的加大，恐怖分子在陆上的“地盘”已经日益缩小，不得不将其部分“阵地”转向海上。

加勒比海的新海盗分子

加勒比海地区，曾以其猖獗的海盗活动而世界闻名，而后又回归平静。但是随着时间的流逝，几个世纪过去了，到了20世纪50年代末至60年代，这里的海盗活动又死灰复燃。

1959年1月1日，古巴革命力量在菲德尔——卡斯特罗领导下，推翻了美国政府和垄断资本家支持的巴蒂斯塔反动政权。但在美国的支持下，这个新生的社会主义国家不断受到海盗的骚扰和破坏。

位于中美洲加勒比海地区的岛国古巴所处的地理位置异乎寻常；幅员狭小，人口稀少而庞杂；土地极为肥沃富饶，这一切都使得古巴岛比任何一个拉丁美洲国家都更为美国所垂涎，成了美国贸易扩张所必需而美国海防又不可缺少的猎物。古巴于1898年脱离西班牙统治而获得形式上的独立。实际上，古巴独立后一直为美国所控制，美国资本控制了整个古巴的经济。因此对古巴人民的革命美国采取的是敌视立场。

美国政府先是对古巴施加经济压力，紧随其后的则是政治和军事压力，妄图迫使古巴政府就范。1959年4月，当时任副总统的尼克松就主张招募古巴流亡分子，武装入侵古巴。随后，便在佛罗里达州和多米尼加、尼加拉瓜、危地马拉等国领土上加强组织和训练雇佣军，并连续在加勒比海举

■2001年9月11日，基地组织恐怖分子挟持美国联合航空93号班机、175号班机及美国航空11号班机、77号班机对世界贸易中心、五角大厦进行恐怖攻击。
□2001年9月11日，全国人大环资委主任委员曲格平荣获世界自然基金颁发的“爱丁堡公爵奖”。

行威胁性的军事演习。1960 年 2 月和 3 月，古巴流亡分子在美国政府操纵下，从佛罗里达州机场驾机起义，一再轰炸古巴首都哈瓦那和甘蔗种植场。

1961 年 4 月 15 日，古巴首都哈瓦那遭到美国的炸弹袭击，紧接着 4 月 17 日凌晨，1000 多名古巴流亡分子在美国飞机和军舰掩护下，在古巴拉斯维利亚斯省吉隆滩登陆（附近的海湾是猪湾），即猪湾事件。"猪湾事件"在艾森豪威尔执政后期就已策划，肯尼迪在 1960 年上台之后继续反复酝酿，最后付诸实施。美国对古巴大批流亡分子进行训练和武装，并掩护他们从海上登陆，首要目标是立即消灭卡斯特罗政权，次要目标是转入山区进行长期游击战。但在这 1600 人的雇佣军当中，大约只有 135 人过去是军人，其他的人是律师、医生、地主和一些农民，这些人平均年龄 29 岁，最大的 61 岁，有几个则不满 16 岁。很多人没有经过很好的训练，有些人甚至连枪都不会打。战斗前后持续不到 72 个小时，美国雇佣军就全军覆没。

美国并不死心，还在不断策划和进行军事挑衅。1962 年 8 月 24 日，有两艘鱼雷艇又袭击了哈瓦那。

1962 年年底，又发生了举世震惊的古巴导弹危机。由于美国加强了对古巴的经济封锁，古巴看到了美苏之间的深刻矛盾，于是把目光对准了苏联，向苏联政府发出了请求援助的信息。苏联为同美国争夺霸权，古巴的求援正中其下怀。苏联借此增加了对古巴的经济、军事援助，最后还把导弹运进了古巴。此举激起了美国政府的强烈反应，美国总统肯尼迪发表了措辞极为强硬的声明，苏联则谴责美国的封锁为"海盗行为"，这是冷战期间美苏两大国之间最激烈的一次对抗。这次危机虽然仅仅持续了 13 天，但美苏双方在核弹按钮旁徘徊，使人类空前地接近毁灭的边缘，世界处于千钧一发之际。最后迫于美国的顽强态度，苏联船只从古巴运走了导弹。

20 世纪 60 年代美苏之间的尖锐对峙和争夺，使加勒比海地区的海盗活动重新开始猖獗起来。

1960 年 3 月的一天，流亡分子在比利时的"拉·库泊尔"号船上策划

■2005 年 6 月 28 日，联合国世界粮食计划署租用的一艘运送救助印度洋海啸灾民的粮食船在索马里遭海盗劫持。
□2005 年 6 月 27 日，奥斯威辛集中营解放 60 周年纪念日。波兰政府在奥斯威辛集中营二号营布热津卡举行纪念活动。

了一次爆炸，不仅造成了巨大的物质损失，还使许多人当场被炸死。

4年后的9月13日，在离古巴东北沿岸约70海里的公海上，有两艘无标识的船舶，在没有发出任何警告的前提下，就用机枪向西班牙的一艘货轮“塞拉·阿兰萨苏”号进行了持续5分钟的野蛮的机枪扫射。在这次袭击中，海盗们甚至使用了国际法中禁止使用的爆炸子弹。船长、水手长和轮机长当场被打死，其余的17名船员侥幸逃生。

直到60年代以后，针对古巴的海盗活动才有所收敛。

人物小传

卡斯特罗

卡斯特罗1926年8月13日生于古巴东南端奥连特省西亚里市一个富有的庄园主家庭。居无定所的童年生活使他很早就体验到底层民众的疾苦，也造就了他格外坚定强悍的品格。1945年卡斯特罗就读哈瓦那大学法学院，很快就成为当时学生政治运动的中坚分子，曾在哥伦比亚参加“波哥大暴动”。1950年毕业后他成为律师，主要代表穷人打官司。

1953年7月26日，卡斯特罗率领百余名爱国青年攻打千人驻守的蒙卡达兵营，揭开了武装夺取政权的序幕。起义因力量悬殊而失败，卡斯特罗被捕入狱，被判15年监禁。

巴蒂斯塔政权为了笼络人心，1955年5月，卡斯特罗出狱之后赶赴墨西哥，在那里结识了切·格瓦拉等革命同道，重新集结力量，开展推翻巴蒂斯塔政权的“7·26运动”。1959年1月1日，卡斯特罗率领起义军攻进哈瓦那，推翻独裁政府，建立起新型的国家政权。1965年，古巴共产党组建，卡斯特罗被推选为党中央第一书记。

40多年来，卡斯特罗领导古巴人民进行了艰苦卓绝

■2006年10月3日，土耳其民航一架载有113名旅客和机组人员的波音737客机在从阿尔巴尼亚首都地拉那飞往土耳其伊斯坦布尔途中遭劫持。

□2006年10月8日，巴基斯坦北部发生里氏7.6级强烈地震和数次大的余震，并波及邻近的印度和阿富汗，造成重大人员伤亡和财产损失。

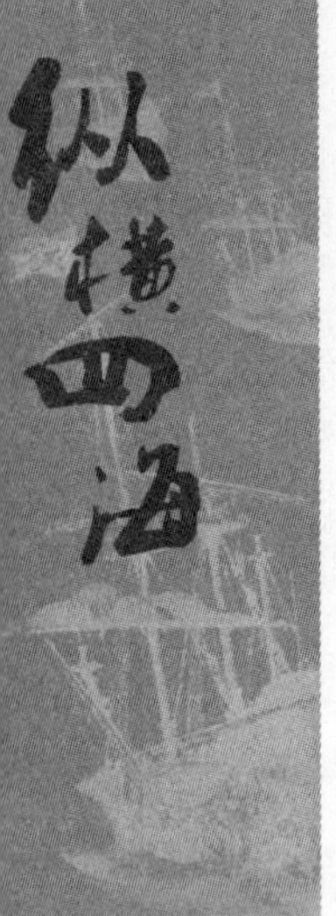

的斗争，克服了美国长期经济封锁造成的严重困难，经受了苏联解体和东欧剧变带来的巨大冲击，捍卫了国家的独立主权，坚持走社会主义道路，经济加速发展。

最危险的地方之一——马六甲海峡

马六甲，是世界上最繁忙的黄金水道，也是连接亚洲和欧洲的最主要水路。从古到今，恐怖的海盗船不断在此兴风作浪，日益猖獗的海盗活动使得马六甲变成了世界上最危险的海峡。

它的一边是印度尼西亚，另一边是新加坡和马来西亚，长度约为800公里，沟通太平洋和印度洋，是仅次于英吉利海峡的全球第二条最繁忙的海道。自公元1400年由苏门答腊王子拜里米苏拉发现并命名以来，马六甲便渐渐成为贸易中心及中东、印度、中国等地的商船云集之处。每年有大约5万艘承载着全世界1/3贸易货物和1/2原油的船只通过，其中包括日本90%的石油需求，因而素有西方国家“海上生命线”之称，被世人誉为东方的直布罗陀，每天通过该海峡的船只多达220艘。

马六甲海峡的客观环境，对海盗来说是“天堂”。这里航道狭窄，船速不得不放慢，在新加坡附近的最狭窄处只有2.8公里宽，海峡太窄，船又太多，所以大家都要按照事先规定的海道分道航行，速度也不能太快，过往船只极易遭到袭击，1997年亚洲金融危机爆发后贫困人口的增加和失业率的上升让马六甲海峡成了世界上海盗最活跃的地区。这一地区的海盗包括顺便打劫的渔民和普通罪犯以及复杂的亚洲犯罪集团，而收入菲薄的海上官员和港口工人中的腐败分子也是重要成员。

在这长达800公里的海峡之内，根据“国际海事局海盗报告中心”的统计，单单2004年，有记录的海盗事件就有37起。如果算上马六甲海峡西部的印度尼西亚海域和南中国海，这一数字达到了惊人的169起。在这

■2008年11月13日，一艘中国渔船被抢劫，船上有16名中国船员及8名日、菲、越船员。

□2008年11月3日，德国数以十万计的有色金属和电子工人举行罢工，要求大幅度提高工资。

些海盗事件中，总共有30名船员被杀害，另有30人至今下落不明，生死未卜。这还只是已知案例，国际海事局估计，至少有一半遇袭事件没有报告。由于海盗集中，这条世界上最繁忙的水道变成了最恐怖水域。

2004年12月26日发生的印度洋大海啸使凶悍无比的马六甲海盗暂时从大海上消失了一段时间，但是谁又能想到海盗的复原能力非常惊人。大约两个月的平静期过后，马六甲海峡海盗又重新活跃起来。当《加勒比海盗》的上映再一次在美国掀起一股海盗热潮时，地球另一端的马六甲海盗也不甘寂寞，他们对过往船只展开了大肆劫掠，向人们展现了现代海盗的疯狂和恐怖。

危险的马六甲海峡　　10－1

"海盗报告中心"的记录中写道：2005年3月14日傍晚6点半，日本拖轮"ITADEN"号航行在马六甲海峡西部海域，突然三艘渔船把"ITADEN"号围住。30多人戴着黑色面罩端着枪登上"ITADEN"号，扛走了装有2万多美元现金的保险箱，还绑架了船长等人。同时，有迹象表明，"基地"组织与东南亚一些团体也正考虑与海盗分餐马六甲。联合国国际海事组织（IMO）的一份报告认为，一些与"基地"组织有关的恐怖团伙

■2008年11月15日，索马里海盗轻松劫持了世界最大油轮沙特"天狼星"号。
□2008年11月15日，二十国集团领导人金融市场和世界经济峰会在美国首都华盛顿举行。

可能资助海盗从事海上犯罪活动，例如在东南亚活动的伊斯兰祈祷团。

人物小传

拜里米苏拉

拜里米苏拉（1344—1424），著名的满剌加苏丹国（马六甲王朝）创始人。依据马来史记载，原为室利佛逝（7世纪中叶在苏门答腊东南部兴起的信奉大乘佛教的海上强国）巨港城东南区域的王子，信奉大乘佛教与印度教混合的一种宗教，据说其祖先为马其顿国王亚历山大大帝。

当时拜里米苏拉是来自巨港的国王，因为不向满者伯夷国王朝贡，而被满者伯夷的军队赶出巨港。他和随从为了逃避追杀，被迫逃亡到淡马锡（今天的新加坡）。到了淡马锡之后，拜里米苏拉受到了酋长的热烈欢迎。但不久，拜里米苏拉为了占领淡马锡，便把当地的酋长刺杀死。这件事立即引起了暹罗的不满并调派彭亨的军队攻打拜里米苏拉，把他赶走。

拜里米苏拉和随从被迫逃亡到麻坡，但他对麻坡的环境并不太满意，于是他和其随从又继续行程直到泊丹河，才决定在那里定居下来。

根据《马来纪年》记载，有一天拜里米苏拉和随从外出打猎，当他在一棵树下休息时，看到猎狗正在追赶一头鼠鹿，突然，那头鼠鹿转过身把其中一只猎狗踢下河里。他感到非常惊奇。并认为这个地方会给他带来好运及适合建立国家，这时其随从告诉他，他所依靠的树叫马六甲，于是拜里米苏拉便把建国的地方取名为马六甲。

1405年明成祖封拜里米苏拉为满剌加国王，并赠予诏书和晧印。1411～1433年间，拜里米苏拉及其子孙曾多次访问中国。两国互派使者多年，每次满剌加使臣来时，明朝皇帝都以礼相待。

■2008年12月26日下午13时45分，中国人民解放军海军舰艇编队从海南三亚启航，赴亚丁湾、索马里海域执行护航任务。

□2008年12月26日，中核集团浙江秦山核电厂扩建项目——方家山核电工程正式开工建设，方家山核电工程建成后，秦山核电基地将成为我国最大的核电基地。

聚焦索马里海盗

2008年11月21日，沙特巨型油轮“天狼星”号被索马里海盗劫持。这艘油轮除了载乘25名船员之外，还载有价值1亿美元的两百万桶原油。海盗更提出高达2500万美元之巨的赎金要求，这是迄今为止索马里海盗劫持的最大船只，令世界震惊。索马里海盗就以这样嚣张暴戾的姿态跃入世人的视野。

索马里位于非洲大陆最东部的索马里半岛，拥有非洲最长的海岸线，海岸线长3200千米，地图上看，索马里位于“非洲之角”，扼守红海入口处，任何想经红海穿越苏伊士运河前往欧洲和北美的货轮，都要穿越海盗频繁出没的“恐怖水域”。

近年来，索马里的知名度一再提高，索马里海盗可谓“功不可没”。虽然索马里海盗问题近两年来才逐步凸显，但问题的根源却早已埋下。1991年，索马里陷入内战。之后，这个被称为“非洲之角”的国家一直处于战乱状态，被不同派系、不同部族和相互之间混战不断的武装组织所割据。长期处于无政府状态，各种武器散落民间，甚至都到了“人手一枪”的程度。17年来，索马里战乱不断，治安恶化，物价飞涨，生活必需品短缺，成为世界上最贫穷的国家之一。生活无以为继的贫苦百姓纷纷铤而走险，或加入军阀队伍，或结伙出海劫掠，但后者往往因为风险低，获利高，且无性命之虞成为不少贫民的首选。许多海盗把劫持船只当成了发财致富的绝佳途径，他们中的很多人也因此成为暴发户。一些年轻人在看到自己的同龄人过着一掷千金的生活后，都抢着来分一杯羹，这个行当就像滚雪球一样壮大起来了。如此混乱不堪的环境，最终成就了“海盗天堂”。在局势动荡的索马里，海盗们自立山头，依靠先进的武器干起了劫船这一古

老的行当，让全世界都记住了索马里海盗的名号。

国际反海盗组织估计，索马里现有大约1000多名直接从事“抓船”工作的海盗，还有承担谈判、后勤保障、武器购买、新人训练、情报搜集工作的其他人员。这些海盗是训练有素的武装分子，他们通常身着军装，使用装备了卫星电话和GPS系统的快艇。他们一般使用自动武器，反坦克火箭弹和各种各样的手榴弹。在远海，他们的快艇通常先隐藏在母舰里。他们以渔船作为掩护，趁着过往货船警惕性不高的时候，扑上去将船员制服，把满载货物的远洋货轮拖回老巢换取巨额赎金。2008年以来索马里附近海域已经发生上百起海上抢劫行为，30多艘船只被劫持，600多名船员沦为人质。从法国的豪华游艇，到联合国的运粮船，再到乌克兰的军火船，来者不拒。

船员被海盗看押在渔船的前甲板　　10－2

比起索马里海盗的猖獗，索马里过渡联邦政府显得自身难保。它仅能控制首都及拜多阿等少数几个重要城镇，而且时刻有被教派武装和反政府势力颠覆的危险，对付起海盗来，处于绝对劣势。为对付日益猖獗的索马里海盗，在联合国号召下，已有多个国家派出军舰参与巡航该水域，保护过往商船。然而，海盗们没有因为外国战舰的到来而收手，反而更加疯狂地作案，并把黑手伸向更遥远的海域。

2008 年，索马里海盗们顶风作案，连续出击，不断刷新历史纪录，使这一海域处于危急水平。从 2008 年 11 月 7 日到 18 日的短短 12 天内，索马里海盗就劫持了至少 8 艘外国船只，包括在肯尼亚附近海域被劫的中国渔船“天裕 8 号”。仅 18 日一天，就有 3 艘船落入海盗之手。最引人注目的是 11 月 15 日在印度洋上被劫持的沙特阿拉伯超级油轮“天狼星”号，该船载有价值 1 亿美元的 200 万桶（相当于 28 万吨）石油。

索马里海盗之所以面临强大的各国海军仍然敢于肆无忌惮地四处出击，原因错综复杂。首先海盗活动最为频繁的亚丁湾是一片面积相当大的海域，大量船只每天从这里通过，仅仅依靠 10 多艘军舰无法完全监控整个海域。而且海盗作案的手段日趋隐蔽，他们的海盗船平时打扮成普通渔船，很难辨别。他们一旦控制了船只和人质，外国军舰就不敢轻易动用武力。索马里海盗只是以要钱为目的，没有政治企图，一般得到赎金就不会伤害人质。船主们为了船只和人员安全，通常很快就会答应海盗的赎金要求。鉴于亚丁湾的外国军舰正越来越多，索马里海盗已开始改变策略，寻找其他地点发动袭击。

海盗们在陆地上有着安全的据点，邦特兰甚至还出现了几个海盗的避风港。他们还可以明目张胆地在陆地上挥霍非法所得，他们甚至开名贵的跑车，用价格不菲的手机和电脑，住宽敞的豪宅，娶漂亮的妻子。海盗带上 3 个人和一个小艇，第二天就能摇身变成百万富翁，富得流油。他们经营镇上的许多产业，还时常举行顶级奢华的派对。据英国媒体报道，索马里海盗如此猖獗的一个最重要的原因是他们从政府高官们那里得到了支持，并且一直与这些高官们共同分享勒索来的巨额赎金。由于赎金数额在不断提高，索马里海盗 2008 年获得了约 3000 万美元的巨额收入，这已经大大超过了索马里邦特兰地区的税收和预算，使得原本贫穷落后的邦特兰地区因此繁华异常。他们不但抢劫船只，还通过小恩小惠与地方政府和民众建立起良好关系。由于海盗给当地人带来了“众多实惠”，因此索马里北方

人并不讨厌海盗，也不关心那些被海盗们扣押了数个月的人质的安危。所以，海盗在当地有一定的群众基础，这给打击他们的行动带来很大困难。甚至有海盗头目炫耀说，他们在世界各地都有联络人，可以帮助购买各种他们需要的东西，点钞机、军火当然都包括在内。此外，各自国家的有关法律不同，也给其联合行动凭添不少障碍。

曾经只在电影大片中看到的海盗们离中国船员不再遥远，每年大约有 2 万名外派船员通过正规渠道登上世界各国的渔船或货轮，他们的安危越来越成为值得关注的重要问题。令人振奋的是，中国海军护航编队 169 舰、171 舰及“微山湖”号补给舰 2008 年 12 月 26 日从三亚出发，2009 年 1 月 6 日抵达索马里海域开始护航中国商船。这是中国自 15 世纪以来最大的海军远征。随着国际社会加大对索马里海盗打击的力度，海盗们纵横索马里的日子应该不会太久。

亚丁湾海域位置图　　10－3

历史事件特写：中国出兵打击索马里海盗

2008年12月26日下午13时45分，中国人民解放军海军舰艇编队从海南三亚启航，赴亚丁湾、索马里海域执行护航任务。此次护航编队由“武汉”号和“海口”号导弹驱逐舰、“微山湖”号综合补给舰、两架舰载直升机和部分特战队员组成，共800余名官兵。

经过10天10夜的航行，亚丁湾当地时间2009年1月6日上午11时，中国海军护航舰艇编队抵达亚丁湾、索马里海域预定海区，并组织实施了首次护航。首批受到护航的是4艘中国商船，其中的“观音”号来自中国香港。编队将在也门索科特拉岛以北100海里和亚丁港西南75海里附近各设立一个会合点，两点之间距离约550海里。同时，在亚丁湾和索马里以东海区船舶主要航道附近，设立7个巡逻区。

当地时间2009年2月1日凌晨4点至6点，我国青岛“莲花海”号和广州“乐民”号两艘货轮正航行在曼德海峡东口附近海域。“莲花海”号突然发现自己遭到不明小艇拦截，正在这一海域执行护航任务的我海军编队“武汉”舰得知情况后立刻高速驶向事发海域施援。14时30分，“武汉”号军舰从曼德海峡东口启航，开始护送“乐民”号、“莲花海”号商船穿越亚丁湾，这标志着中国海军编队开始执行第15批护航任务。

酷睿点评

目前，世界上的海盗活动主要集中在西非海岸、索马里半岛附近海域、红海和亚丁湾、孟加拉国湾和整个东南亚海域等五个地区，而这些地区都是中国海上交通运输的重要海域，海盗的肆虐对中国海上运输的威胁日益增大。

护航打击海盗，用一般战舰足矣，而这次调派精锐战舰似乎有点杀鸡

用牛刀的意思。但中国派战舰远洋护航，目标不仅仅是打几个索马里海盗而已，这既对索马里海盗起到敲山震虎的震慑作用，也能够对外展示中国海军的强大实力。它更是一种宣示：中国政府有能力保障中国船只与船员的安全，有能力保障中国在海外的利益。这也是中国作为一个负责任的大国，为维护世界和平所做出的积极贡献。

《叶隐·寒刀·樱花》——日本武士史

一本真正的日本武士史，带你走进一个残酷的世界

1

一个人，两柄刀，一柄御敌，一柄杀己。

战场、杀戮、流血、死亡……这是他们人生字典里出现频率最高的字眼，他们以血肉之躯，驱动着这个茫茫大洋中的弹丸岛国向前发展。他们的名字叫—武士。

如果说日本的历史是一条河，那么武士便是河边樱树上的樱花。对于他们来说，死亡如同樱花凋谢，自然而凄美。

花自飘零水自流，然而历史的长河却不能将武士及其精神—武士道涤荡殆尽。它如一丝游魂，又似枯树盘根，或许在不经意间便会迸发出来……

作者：北冥有鱼
定价：28.00元
出版时间：2009年11月

《勇敢的心》——世界探险史

在生动惊险的探险事件回顾中享受阅读的轻松与刺激

2

在浩瀚的人类历史中，探险史是最波澜壮阔的篇章之一。无论是那些探险家们的英雄壮举，还是沿途各种奇特的见闻，或是一个个等待被证实的古老传说，甚至是这中间不和谐却又不可避免的屠杀、掠夺、死亡……都吸引着人们去了解。冒险是人的天性，猎奇也同样是人的天性。本书忠于历史，并尽可能地在保持完整的历史脉络的同时，从细处着眼，从大多数人感兴趣的故事入手，为你讲述这些关于冒险的故事，并配有精美的插图。让你在富有趣味的阅读中，丰富自己的知识和见闻，满足自己的好奇心，同时亦可从文字中就能感受到世界各地的旖旎风光和那些不可思议的历史。

作者：宁小小
定价：26.00元
出版时间：2009年11月

《纵横四海》——世界海盗史

最全面的海盗知识，最惊心动魄的海盗画卷

这里有惊心动魄的海盗生涯，浪漫旖旎的海上风情，沉睡千年的诱人宝藏；这里有一段段人生的起伏沉沦，一幕幕历史的另类再现。一打开它，你将会被深深吸引，它带给你的不仅仅是历史，是知识，是思考，还是无上的阅读快感。

作者：沧海一丁
定价：28.00元
出版时间：2009年11月

《将热血抵押给铁甲和战马的男人》——欧洲骑士史

像骑士一样带着光荣与梦想、激情与浪漫踏上征途

骑士，欧洲中世纪的一个特殊阶层，凭肉眼看，他们是骑在马上的、挥舞着长矛和利剑的男人，以一敌百，所向披靡。但接触久了就会明白，他们不仅仅是莽夫，卸下盔甲之后，他们还会写诗，还会泡妞，追求上进，还有着无比虔诚的宗教信仰。在财富和荣誉背后，骑士承担的是一份不为人所知的责任，拼了老命地在一次又一次的战役中想要将长矛刺进对方的心脏，费尽心思地想要爬上胜利者的巅峰。尽管随着骑士制度的衰落，骑士们各谋出路，但他们的本质没有改变，依然保持着那份高贵和英勇。

作者：八叔
定价：26.00元
出版时间：2009年11月